DER ZAUBERKREIS DER DEVAS

Nathaniel Altman

Der Zauberkreis der Devas

Die guten Geister der Natur –
wie wir sie erkennen, rufen und
ihre Energien nutzen können

Aus dem Englischen
von Helga Künzel

Ansata-Verlag

Inhalt

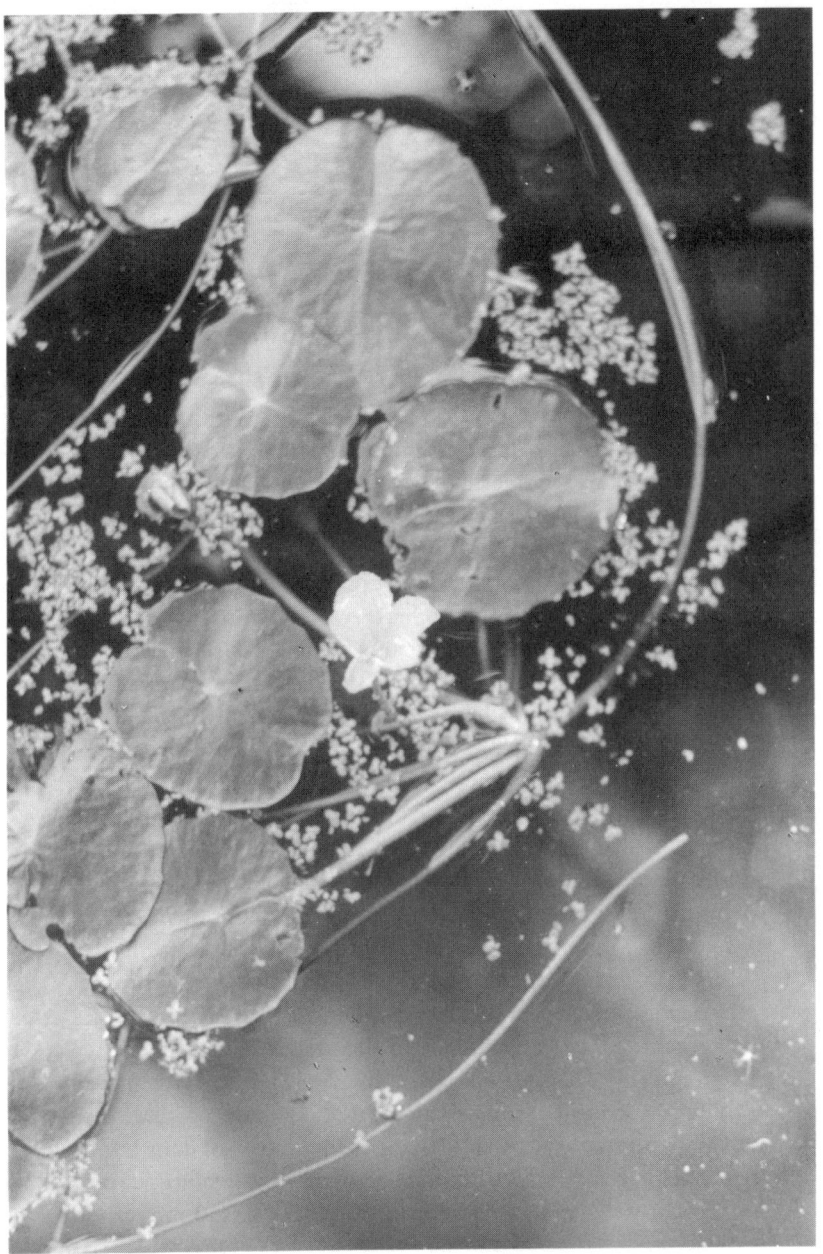

Vorwort

Im Sommer 1990 kam es zu meinem ersten wirklichen Kontakt mit den Devas – obwohl ich mich schon fast zwanzig Jahre lang mehr oder weniger intensiv mit ihnen beschäftigt hatte. Zu jener Zeit war ich sowohl psychisch wie physisch ziemlich am Ende. Eingefleischter Hypochonder, der ich damals war, betrachtete ich sowohl meine Depressionen als auch meine körperlichen Probleme als sichere Anzeichen dafür, daß mir kein langes Leben mehr beschieden sein würde. Ich brauchte unbedingt Abstand von der Stadt und ihrem Streß und fuhr daher für eine Woche allein nach Kanada, nach Montreal.

Dort beschloß ich eines Morgens, den Botanischen Garten zu besuchen. Traurig und mit einem Gefühl der Verletzlichkeit traf ich dort ein. Gemächlich schlenderte ich durch den Garten. Von Zeit zu Zeit blieb ich stehen, um mir die Bäume und andere Pflanzen genauer anzusehen. Irgendwann saß ich dann im Schatten einer Weidengruppe an einem kleinen See. Eine der Weiden hatte einen kräftigen Hauptstamm, der waagrecht zum Boden wuchs, bevor er sich zum Himmel emporbog. Nach der glatten Rinde auf der Oberseite des waagrechten Teils zu schließen, war die Weide ein beliebter Kletterbaum; man konnte leicht auf den Stamm steigen, der zweifellos kräftig genug war, um das Gewicht mehrerer Erwachsener zu tragen. Mich zog es instinktiv zu dem Baum hin. Ich kletterte auf den Stamm, legte mich bäuchlings darauf und umarmte dann den Stamm mit ganzer Kraft, indem ich

8

die Arme und Beine um ihn schlang. Innerlich aufgewühlt und mir meines Tuns nicht bewußt, bat ich den Baum inständig um Hilfe, ohne zu wissen, welche Art Hilfe ich wollte. Plötzlich spürte ich eine starke Veränderung in meinem Bewußtsein. Mit einemmal hatte ich das Gefühl, die ganze Welt sei lebendig, und ich nahm die Natur viel intensiver wahr. Statt mich als Beobachter zu fühlen, empfand ich mich als integralen Bestandteil der Welt der Natur. Vor allem spürte ich eine tiefe energetische Verbindung mit dem Baum und zugleich eine deutliche Besserung meiner Stimmung. Nach ein paar Minuten stieg ich von dem Baum herunter und legte mich nah bei ihm ins Gras. Schließlich dankte ich dem Baum und wanderte langsam weiter durch den Garten, der mir noch schöner vorkam als zuvor. Während dieses Spaziergangs hatte ich den Eindruck, daß die Blumen mich grüßten.

Als ich Ende der Woche wieder zu Hause war, fühlte ich mich unverändert stark zu Blumen hingezogen. Ich ging mit Block und Kugelschreiber in den Garten eines Nachbarn. Zwar konnte ich noch immer nicht recht glauben, daß eine Blume mit mir Verbindung aufnehmen wollte, aber ich beschloß, jedes Urteil aufzuschieben und offen zu sein.

Nachdem ich eine leuchtend purpurfarbene Petunie bewundert und mich ein paar Minuten lang still ihrer Betrachtung hingegeben hatte, begann ich aufzuschreiben, was mir in den Sinn kam. Auf meinem Block stand schließlich:

Was du siehst, wenn du mich betrachtest, ist ein Wesen von ungeheurer Vielfalt und Tiefe. Mich durchpulst die Essenz des Göttlichen, der violette Reichtum göttlichen Lichts! Es geht vom innersten Kern meines Seins aus und bewegt sich durch meine Blütenblätter nach außen. Auch in deinen Adern pulsiert göttliches Licht. Es geht vom innersten Kern deines Seins aus. Von deinen Wurzeln, von dem, was man den Sitz des Kundalini-Feuers nennt. Diese Energie ist dein Leben.
Doch allzuoft wird sie nicht richtig erkannt. Sie wird weder wirklich anerkannt noch verstanden. Außerdem ist diese

göttliche Energie häufig blockiert, so daß sie nur unvollständig durch dich fließt. Sie bewegt sich vielleicht in bestimmten Teilen von dir, aber sie bleibt partiell. Trotzdem ist sie schön, sogar in ihrer Unvollständigkeit. Unvollständigkeit verkörpert eine Hoffnung, ein Streben, ein Potential. Sie sollte nicht unbedingt als «schlecht» bezeichnet werden. Denke sorgfältig über diesen Punkt nach, denn jedwedes Leben ist Bewegung. Du bist nicht weniger vollkommen, weil du nicht ganz vollständig bist. Das Hauptziel für dich – sowohl individuell als auch kollektiv – ist *die Bewegung*. Deine Unvollständigkeit anzunehmen und richtig zu beurteilen ist dein Weg zur Vollständigkeit. Unvollständigkeit ist in eben diesem Augenblick dein höchster Seinszustand. Doch du mußt dir die Bewegung des Lebens zu eigen machen, während du einem großartigeren, weiter entwickelten Zustand der Vollständigkeit zustrebst.

So kam es, daß ich die Sommermonate zu einem guten Teil damit zubrachte, in Parks, in Gärten und auf unbebauten Grundstücken Brooklyns Blumen zu besuchen. Ich empfing einfache, aufbauende Botschaften über die Rolle von Blumen auf der Welt, über Spiritualität und ökologisches Bewußtsein. Wenn ich in einem Stadtgebiet wie Brooklyn Zugang zu Inspiration, Weisheit und Führung durch Blumen erlangen konnte, so folgerte ich, mußte dies den Menschen überall auf der Welt möglich sein. Ich sammelte die Botschaften in einem Notizbuch, das ich «Brooklyns Geistiger Garten» nannte, und einige dieser Botschaften habe ich auch in das vorliegende Buch aufgenommen.

Später im selben Jahr setzte ich meine Arbeit in den alten Wäldern Argentiniens, Costa Ricas und der Vereinigten Staaten fort. Ich hatte das Gefühl, unmittelbar an der Quelle zu lernen, indem ich bei den Devas Ratschläge darüber einholte, wie die Menschen die Natur vielleicht doch noch retten könnten. Mehrere Monate lang reiste ich umher, suchte Bäume, Flüsse, Klippen, Seen und sogar einen Vulkan auf, und überall fragte ich die lokalen Devas: «Wie können Menschen es schaffen, die Umwelt zu retten?» Die Botschaften, die ich empfing, füllen mehrere Notizbücher. Der Besuch einer Gruppe gelbblätteriger Buchen in Chile regte mich an, *Sacred Trees* zu schreiben. Danach dehnte ich meine Deva-Besuche auf die westlichen und östlichen Vereinigten Staaten aus. Zu dem vorliegenden Buch wurde ich im Sommer 1991 während meines Aufenthalts im Schatten einer fünfhundertjährigen Weißeiche bei New Hope in Pennsylvania inspiriert.

Die grundlegende Gestaltung des Buches wurde von Devas mitbestimmt, und ein Teil des darin präsentierten Materials stammt von ihnen. Das bedeutet jedoch nicht, daß das Buch ein getreues Spiegelbild devischer Weisheit ist, denn die eigenen Ideen, Konditionierungen und Erfahrungen des Autors lassen sich natürlich nie völlig ausblenden.

Mir ist jedoch klar, daß zum gegenwärtigen Zeitpunkt der Geschichte unseres Planeten (und des Menschen) alle Lebewesen zusammenfinden müssen, um zu verhindern, daß auf der Erde weitere Umweltzerstörungen stattfinden. Wir als die am höchsten entwickelte Spezies auf diesem Planeten halten die Schlüssel zu seiner Zerstörung, aber auch zu seiner Heilung in Händen. Dies gibt uns die einmalige Gelegenheit, aktiv an der Gesundung der Erde mitzuwirken. Die Zusammenarbeit mit den Kräften der Natur – wie sie durch Mitglieder des Deva-Reiches personifiziert werden – ist ein grundlegender Aspekt dieses Bemühens.

Ungeachtet seiner Unvollkommenheit und Unvollständigkeit halte ich das hier präsentierte Material für nützlich, weil es uns helfen kann, mit den feinstofflichen Wesen der Natur Verbindung aufzunehmen, von ihnen zu lernen, uns von ihnen heilen zu lassen und zusammen mit ihnen schöpferisch tätig zu sein.

TEIL I

Ein Blick in die Seele der Natur

1 Wer sind die Devas?

Kraft, Leben, Licht; dies sind die Gaben, die der
Umgang mit Engeln den Menschen in die Hände
legt. Kraft, die grenzenlos ist; Leben, das
unerschöpflich ist; Licht, vor dem jegliche
Dunkelheit schwindet.

Geoffrey Hodson

Wenn wir einen Spaziergang in der freien Natur machen,
beobachten wir viele Dinge. Unser Weg kann uns auf Berge
und durch Täler führen oder auch über Wiesen, auf denen
Tausende wildwachsender Blumen blühen. Wir können von
Stein zu Stein springen, wenn wir einen rauschenden Bach
überqueren, oder unsere Füße im Wasser eines Bergsees küh-
len. Vielleicht wandern wir auch durch dichte Wälder, das
Zuhause von Bäumen, die dort seit Jahrhunderten stehen.
In der freien Natur gehen unsere Wahrnehmungen oft über
das hinaus, was unsere fünf Sinne zur Kenntnis nehmen. Wenn
wir die Schönheit eines Wasserfalls, das Majestätische eines
Baums oder den Duft einer Blume erleben, erfahren die
meisten von uns früher oder später noch «etwas anderes»:
Gefühle des Friedens, des Trosts, der Heilung oder des Schutzes. Oft beschert uns ein solcher Spaziergang eine plötzliche
Inspiration, unerwartete Lösungen für schwierige Probleme
und neue Einblicke in unser Leben und unsere zwischen-
menschlichen Beziehungen.
Überlieferungen von Stammeskulturen auf der ganzen Welt

lehren, daß wir nicht nur für die äußere Schönheit eines Wasserfalls, eines Baums oder einer Blume empfänglich sind, sondern oft auch jene inneren Daseinsbereiche wahrnehmen, die mit diesen äußeren Formen verbunden sind. Diese Energien können angeblich feinstoffliche physische Körper annehmen, die man kaum je sieht, aber oft intuitiv spürt. Bekannt sind sie unter verschiedenen Namen: Engel, Naturgeister, Feen, Sylphen, Dryaden, Orischa – oder unter dem Sanskrit-Ausdruck *devas*, was soviel bedeutet wie «die Leuchtenden».

Definieren kann man Devas als Formen, Bilder oder Äußerungen, durch die sich das Wesen und die Energie des Schöpfers oder Großen Geistes übertragen oder übermitteln lassen; ebenso als Formen, durch die sich eine spezifische Art von Erdenergie oder Lebenskraft zu einem bestimmten Zweck übermitteln läßt. Zwar kanalisieren und steuern sowohl Menschen als auch Devas Energie, aber man glaubt, daß Devas einem Entwicklungsweg folgen, der sich von unserem unterscheidet und dennoch parallel zu ihm verläuft. Gleich uns wählen die Devas die Erde als Heimstatt, in der sie leben und arbeiten können, als Ort auch, um Weisheit und Lebenserfahrung zu erlangen.

Die Hierarchie der Engel

Die menschliche Sicht der Devas hat ihre Wurzeln in unserer ältesten aufgezeichneten Geschichte. Dargestellt werden Devas verschiedentlich in der Bibel, im Koran, in den Veden und der Bhagavad-Gita – ebenso in Sagen und Geschichten aus dem alten Griechenland und dem alten Rom, aus Ländern wie Mexiko, China und Japan sowie ganz Afrika und Ozeanien –, und zwar als Boten, Mitglieder eines himmlischen Hofes, Helfer, Kriegergruppe, Quellen heilender Kraft, Schutzengel und geistige Führer. Man betrachtet sie als Lichtenergie-Prinzipien, die allen Phänomenen zugrunde liegen, und sie wirken sowohl mit der Natur als auch mit dem Kosmos zusammen, um die Evolution des Lebens zu lenken.

Es gibt buchstäblich Tausende verschiedener Arten von Devas – angefangen von der winzigsten Dryade einer wildwachsenden Blume bis hin zum größten Sonnen-Erzengel, und das Reich der Devas ist so groß wie das Universum selbst. In Indien betrachtet man Devas als primäre Reflexionen der einen unendlichen Gottheit, der Quelle jeglicher Schöpfung. Die religiöse und metaphysische Literatur beschreibt die wichtigsten Devas als Sonnen-Erzengel von unglaublicher Größe und Macht, die über die Evolution des Sonnensystems und der Planeten wachen. In der westlichen Literatur gehören zu den Sonnengöttern: Aloa va Daat (kabbalistisch), Apollo und Helios (griechisch), Ra, Horus und Osiris (ägyptisch), Baldur (nordisch) sowie Lug, Dagda und Hu (keltisch). Im Osten verehrten die frühen Japaner den Sonnen-Erzengel als Göttin Amaterasu Omikami, die Maori nannten ihn Tamanuitera, und in den Veden heißt er Surya, «das einzige Auge dessen, was existiert, das über den Himmel, die Erde, die Gewässer hinaus blickt».

Unterstützt werden die Sonnen-Erzengel durch Planeten-Erzengel, die mit jedem Planeten des Sonnensystems in Verbindung stehen. Planeten-Erzengel sind eine Synthese aller Erzengel, Engel und Naturgeister, die im Planetenfeld existieren. Auf unserer Erde ist der Planeten-Erzengel unter vielen Namen bekannt: Oft ganz allgemein als «Mutter Erde» bezeichnet, hieß er Gaia bei den Griechen, Chomolungma bei den Tibetern, Pachamama bei den Inkas, Rinda bei den Altnordischen und Tailtiu bei den Kelten.

Den Planeten-Erzengeln wiederum helfen Engel, die mit den vier Elementen Feuer, Erde, Luft und Wasser verbunden sind. Und diese großen «Engel der Elemente» werden unterstützt von Devas, den Lenkern der Evolution verschiedener Pflanzen-, Tier- und Insektenspezies sowie jeder Gruppe, Abteilung und Klassifikation von Gestein und Mineral. Verbunden sind solche Devas mit dem, was bei den Okkultisten als «Gruppen»-Seele bekannt ist; sie stehen hinter dem Instinkt und der Intelligenz der verschiedenen Tierarten. Eine Gruppenseele beispielsweise, die den Bienen zugeordnet ist, stimuliert den natürlichen Instinkt der Bienen zu fliegen, Nahrung zu suchen, Blumen zu bestäuben, Bienenstöcke zu bauen und zu unterhalten, sich vor Räubern zu schützen, sich fortzupflanzen und sich an ein Muster sozialer Organisation zu halten, das einzig ihnen eigen ist.

Devas anderer Art sind mit verschiedenen Religionen verbunden und haben die Aufgabe, die spirituelle Entfaltung der Gemeinschaftsmitglieder zu fördern. Die Literatur vieler Weltreligionen (darunter die Kabbala, die Bibel, die Veden, das Popul Vuh und der Koran) sprechen ausführlich über Erzengel dieses Typs. Der vielleicht verblüffendste zeitgenössische Hinweis auf sie stammt von Joseph Smith, der im 19. Jahrhundert die «Kirche Jesu Christi der Heiligen der letzten Tage» (Mormonen) gründete und von dem Engel Moroni aufgesucht wurde. Im *Buch Mormon* schreibt Smith:

> Er rief mich beim Namen und sagte zu mir, er sei ein Bote, aus der Gegenwart Gottes zu mir gesandt, und sein Name sei Moroni; Gott habe Arbeit für mich... Er sagte, es sei ein Buch hinterlegt, auf goldene Platten geschrieben, das über die früheren Bewohner dieses Kontinents berichte und die Quelle, aus der sie hervorgingen. Er sagte auch, die Fülle des immerwährenden Evangeliums sei darin enthalten, wie der Erlöser es den alten Bewohnern verkündet habe.

Viele bedeutende religiöse und historische Ereignisse (wie das Erscheinen des Erzengels Gabriel am Abend der Himmelfahrt – Mi'radsch – des Propheten Mohammed oder das Eingreifen des Erzengels Michael, der Abraham in den Arm fiel, als dieser seinen Sohn Isaak töten und Gott opfern wollte) finden durch Intervention von Devas statt. Weniger bedeutende Engel, die den großen Erzengeln zugeordnet sind, stehen mit bestimmten Kultstätten in Verbindung und werden von jedem Ort angezogen, an dem Gottesdienste stattfinden, sei es eine Kirche, eine Synagoge, eine Moschee oder ein Langhaus, eine Zuflucht für Heimatlose, ein Hausaltar oder eine Feier im Freien zu Frühlingsbeginn. Diese Devas leiten angeblich allen, die an dem Gottesdienst teilnehmen, Liebe, Weisheit, Heilung und Inspiration zu. Viele Menschen glauben, daß es neben den Engeln der Religionen auch Engel gibt, die den Völkern assoziiert sind. Sie übermitteln ihre einzigartige Energie, um die jeweilige «Haupteigenschaft» eines jeden Volkes zu stärken und zur Evolution jener Wesen beizutragen, die ein bestimmtes Volk als ihren Lebenserfahrungsbereich auswählen. Außerdem gibt es Engel der Liebe, des Willens, der Harmonie, der Weisheit, der Bewegung, der Form, des Bauens, der Zerstörung, der Musik, der Schönheit und der Heilung. Der Erzengel Raphael beispielsweise ist der bekannteste Heil-Deva des Christentums, während bei den Anhängern des Candomblé in Brasilien Omolu als Heil-Orischa gilt. In der Hindu-Mythologie ist der *mahadeva* («der große Gott») Shiva ein Engel höchsten Ranges. In seiner Zerstörerrolle zerstört Shiva, um der Materie die Möglichkeit zu geben, sich auf einer höheren Existenzebene zu regenerieren.

Von bestimmten Erzengeln glaubt man außerdem, daß sie die Fortschritte großer Epochen der menschlichen Evolution und der kulturellen Entwicklung steuern und ihre immense Energie zum Wohle der Menschheit kanalisieren. In *Die Sendung Michaels* beschreibt der Mystiker und Philosoph Rudolf Steiner, wie die Renaissance (1510–1879) Inspirationen vom Erzengel Gabriel empfing, dessen Hauptenergie die Inkarnationsenergie ist. In der Periode von Gabriels stärkstem Einfluß befaßte sich die Menschheit mit Forschungsreisen, der wissenschaftlichen, kulturellen und wirtschaftlichen Entwicklung sowie dem Bevölkern der Erde. Die gegenwärtige Epoche (ab 1879) wird vom Erzengel Michael gelenkt. Nach Steiners Überzeugung gehört es zu Michaels Auftrag, die Menschheit aus ihrer materialistischen, erdverhafteten Lebensweise heraus- und zu einer spirituelleren Existenz hinzuführen, ohne daß wir jedoch unsere ursprüngliche Verbindung zur Erde aufgeben.

Einige westliche Religionen postulieren die Existenz von Schutzengeln: Jeder von uns hat seinen persönlichen Deva, der ihn das ganze Leben hindurch führt und schützt. So spricht Jahwe zu Mose: «Siehe, ich sende einen Engel vor dir her, damit er dich auf deinen Wegen behüte und dich an den Ort führe, den ich bestimmt habe. Habe acht auf ihn und höre auf seine Stimme...» (Exodus 23, 20–21). Schutzengel gelten seit langem als Wesen, die uns helfen, unsere persönlichen Entwicklungsprozesse zu begreifen, und uns Führung, Unterstützung, Trost bieten, während wir in der Alltagwelt unseren oft schwierigen Lebensweg gehen.

Natur-Devas

Neben jenen Devas, die auf den oberen Stufen der Hierarchie von Engelswesen stehen, gibt es eine große Zahl unterschiedlicher Devas, die mit der Natur verbunden sind. Weil diese Devas sich am häufigsten den Menschen zuwenden, werden sie im Mittelpunkt des vorliegenden Buches stehen.

Die Meinungen darüber, was einen Deva von einem Naturgeist unterscheidet, gehen weit auseinander; manchmal repräsentieren sie einfach nur zwei verschiedene Ausdrucksformen und Funktionen in der Natur. Für Machaelle Small Wright, die Gründerin des Perelandra-Gartens im ländlichen Virginia, ist ein Deva ein besonders «universaler, dynamischer» Aspekt des Bewußtseins, der gleich einem Architekten Naturformen erschafft und ordnet. Ein «Naturgeist» dagegen ist «eine intelligente Ebene des Bewußtseins in der Natur, die mit der devischen Ebene zusammenarbeitet und verantwortlich ist für die Mischung und Aufrechterhaltung von Energie in einer geeigneten Form. Naturgeister sind regional und an bestimmte Gegenden gebunden.»

Andere Forscher widersprechen dem, sie behaupten, auch Devas seien bestimmten Landstrichen zugeordnet. Geoffrey Hodson zum Beispiel postuliert in seinen Büchern, daß die Devas bestimmten Bäumen, Bergen, Gesteinsformationen und Parks zugeordnet seien. (Eine seiner interessantesten Geschichten schildert, wie der Deva im Cornwall Park von

Der Vulkan Villarrica, Chile.

Auckland in Neuseeland devische Energie in ein nahe gelegenes Krankenhaus sendet und auf diese Weise Patienten wie Ärzten hilft.)

Die Unterscheidung zwischen Devas und Naturgeistern mag zwar aus intellektueller Sicht sinnvoll sein, soll uns im vorliegenden Buch aber nicht weiter beschäftigen. In vielen Fällen werden wir beide Begriffe abwechselnd, in austauschbarer Weise verwenden. Nachdem sowohl Devas als auch Naturgeister über devisches Bewußtsein verfügen, ist es unser Ziel, mit allen Mitgliedern der devischen Bereiche in Verbindung zu treten, die unsere Liebe, Achtung und Zusammenarbeit akzeptieren wollen. Wie wir später sehen werden, haben feinstoffliche Naturwesen verschiedene Funktionen und Kräfte, und sie können einander auf vielerlei Arten helfen. Ein großer Deva, der einer bedeutenden Bergkette assoziiert ist, verfügt höchstwahrscheinlich über eine ganze Reihe devischer

Helfer, die harmonisch mit ihm zusammenarbeiten. Einige davon kann man als «Elementargeister» bezeichnen, die höherstehende Devas auf ganz fundamentale Weie unterstützen – ähnlich wie bei den Bienen die Arbeiterinnen ihre Königin. Wenn wir das Privileg genießen, mit einem feinstofflichen Naturwesen zusammenzuarbeiten, stehen wir mit seiner Energie in Resonanz. Dies bedeutet, daß wir das geeignete, «energieverwandte» Naturwesen anziehen, entsprechend unserer Aufrichtigkeit, unseres Energie-Niveaus und der Arbeit, die wir mit ihm zusammen verrichten wollen. Nach meinem Ermessen spielt es keine Rolle, ob wir direkt mit einem mächtigen, an einen Berg gebundenen Deva kommunizieren, mit einem Naturgeist, der einer Gruppe von Bäumen im Vorgebirge zugeordnet ist, oder mit einem winzigen Elementargeist, der sich mit der Entfaltung einer an einem Bergpfad wachsenden Blume befaßt. Obwohl verschieden, sind alle diese feinstofflichen Naturwesen Teil eines *einzigen Bewußtseins*. Wenn uns der Wunsch erfüllt, von einem Standpunkt der Liebe und Achtung aus mit ihnen Verbindung aufzunehmen, werden wir unweigerlich zur gegebenen Zeit das geeignetste Naturwesen anziehen.

Vier Grundtypen

Generell betrachtet lassen sich die feinstofflichen Naturwesen in vier Hauptgruppen einteilen, die zu den vier Grundelementen der Schöpfung in Beziehung stehen.

Erde

Naturgeister der Erde sind mit allen Oberflächen der Erde verbunden, einschließlich Feldern, Bergen, Wüsten, Gesteinsformationen und Landstücken, die unter Wasser liegen. Befaßt sind sie mit der Bildung und Entwicklung chemischer Komponenten von Mineralien, den Bausteinen der Erdkruste. Weil wir Menschen Landbewohner sind, werden mit uns in erster Linie Erd-Devas interagieren, und deshalb gelten sie als die bekanntesten Mitglieder des Deva-Reichs. Gleich anderen Naturgeistern können die mit der Erde verbundenen Devas sich in Größe und Macht voneinander unterscheiden; bei den für Felder und zutage liegende Felsen (auch Ausbisse oder Aufschlüsse genannt) zuständigen Devas kann die Größe zwischen einigen Zoll und mehreren Fuß schwanken, während ein Erd-Deva, der für die Entfaltung eines hohen Berges zuständig ist, zweimal so groß sein kann wie der Berg selbst. «Dryaden» (aus der Familie der Naturgeister) sind vorwiegend mit Bäumen und anderen Mitgliedern des Pflanzenreichs verbunden. Wie bei den übrigen Natur-Devas hängen Macht und Größe auch bei ihnen von der physischen Form ab, der sie zugeordnet sind. Bestimmte hochentwickelte Dryaden können mit der Entwicklung eines ganzen Waldes und nicht nur eines einzigen Baums befaßt sein.

Wasser

Die Naturgeister des Wassers sind als «Undinen» bekannt. Man findet sie in (sowie über) Meeren, Seen, Flüssen, Bächen und Wasserfällen. Ihre Größe und Macht schwanken je nach ihrem Entwicklungsstand, ihrem Standort und ihrer Lebensaufgabe. Der mit einem Ort wie den Niagarafällen verbundene Deva beispielsweise wird als mehrere hundert Fuß großes, prächtiges Lichtwesen beschrieben, dessen Breite sämtliche Katarakte der kanadischen und der amerikanischen Seite überspannt. In der Mythologie haben Undinen oft eine weibliche Gestalt, doch im allgemeinen gibt es bei Devas keine klaren Unterschiede zwischen männlich und weiblich.

Feuer

In der griechischen und altindischen Mythologie werden Feuergeister «Salamander» genannt. Sie stehen in Verbindung mit der Sonnenenergie, und man findet sie häufig an Plätzen in der Natur, die voll im Sonnenlicht liegen, wie etwa Strände und Wüsten. Weil Devas den «energetischen Rahmen» bilden, um den herum physische Materie ihre Form annehmen kann, manifestieren sich Salamander zusammen mit den Feuern in der Erde (wie in Vulkanen und an anderen Orten, an denen thermische Aktivität herrscht), außerdem mit Blitzen und Feuern ganz allgemein. In der Maya-Mythologie beispielsweise gilt der Gott Kakupacat – von dem man glaubte, er manifestiere sich durch Vulkane – als Salamander, ebenso der Gott Kinichkakmo, der vor allem mit Oberflächenfeuern und Feuer generell verbunden war.

Luft

In der kabbalistischen Literatur werden elementare Luftgeister als «Sylphen» bezeichnet, die angeblich zu tun haben mit der Bildung von Wolken und mit den Gesetzen, denen die Windbewegungen unterliegen. Wenn Sie einen sehr windigen Ort aufsuchen (sei es die Dachterrasse eines hohen Gebäudes oder die Spitze einer hoch aufragenden Meeresklippe), stehen die Chancen gut, daß Sie sich im Reich der Sylphen befinden.

Dargestellt werden Sylphen in der Mythologie und in metaphysischer Literatur als äußerst farbenfroh, ungefähr menschengroß und sehr rasch durch die Lüfte gleitend. In China personifizierte sie Feng Po, der Gott der Winde, dargestellt als weißbärtiger Greis, der einen gelben Mantel und eine blaurote Kappe trägt und einen Sack voll Wind in den Händen hält. Hodson beschreibt in *Kingdom of the Gods* die Sylphen als geflügelte Wesen und fügt hinzu: «Wenn sie durch das weite Himmelsgewölbe kreisen und fliegen, schießen leuchtendbunte Kräfte mit extremer Geschwindigkeit zwischen ihnen hin und her und um sie herum, doch vor allem durch die Luft über ihnen.»

Einprägen sollte man sich unbedingt, daß die Devas, die diese vier Elemente der Natur repräsentieren, nur selten isoliert existieren. Würden Sie beispielsweise einen Wasserfall besuchen, beträten Sie das Reich von Naturgeistern, die mit

Fließwasser (den Fällen als solchen), der Erde (den Felsen, über die das Wasser strömt) und wahrscheinlich dem Wind verbunden sind. Außerdem durchdringen sich die Deva-Energien oft wechselseitig, wenn sie zusammenarbeiten, um ihre Aufgaben in der Natur zu erfüllen. Da Naturgeister auf verschiedene Weise jedem Aspekt der irdischen Schöpfung (dazu zählen Winde, Regen, Gebirge, Flüsse, Bäume, Sträucher, Blumen, Gräser, Algen, Klippen und Gesteinsformationen) zugeordnet sind, gibt es weit mehr von ihnen, als wir uns eigentlich vorstellen können. Zwar fand nie eine «Deva-Zählung» statt, aber einige Deva-Forscher spekulieren, daß es leicht Milliarden von ihnen geben könne und daß wahrscheinlich mehr dieser Wesen die Erde bevölkern als Menschen und Tiere zusammengenommen.

Wie sehen Devas aus?

Die Naturgeister werden sehr subjektiv wahrgenommen und die Devas eines bestimmten Typs in verschiedenen Kulturen daher auch meist sehr unterschiedlich dargestellt. In der irischen Mythologie beispielsweise erscheinen Dryaden gewöhnlich als Kobolde, während sie auf der Südinsel Neuseelands angeblich große Ähnlichkeit mit frühen Maori-Kriegern haben. Devas wirken auf die Menschen, die sie beobachten, sehr verschieden, weil jeder von uns eine einzigartige Lebensanschauung hat, die auf Vererbung und erworbenem Wissen oder kultureller Konditionierung beruht. Würden zwei Künstler den gleichen Baum bildlich darstellen, fielen ihre Werke, wie wir wissen, mit großer Wahrscheinlichkeit sehr unterschiedlich aus. Sogar zwei Wissenschaftler, die das gleiche chemische oder biologische Phänomen beobachten, bieten oft verschiedene Deutungen ein und desselben Vorgangs. Genauso verhält es sich, wenn zwei Menschen Betrachtungen über das Aussehen eines Devas anstellen. Außerdem kann die Gestalt eines Devas sehr variieren, da sie sich nach Belieben verändern läßt.

In der japanischen Mythologie wurde ein mit einem heiligen Pflaumenbaum verbundener Deva als schönes Mädchen dargestellt, während in Homers *Odyssee* die Nymphe Kalypso als «eine leuchtende Göttin» erscheint, bekleidet mit einem «schimmernden weißen Gewand, fein gewoben und köstlich». Im afro-brasilianischen Candomblé wird Oschunmare, die androgyne Gottheit des Regenbogens, als tapferer Krieger und als schöne Frau dargestellt, geschmückt mit grüngestreiften gelben Perlen, einem vielfarbigen Turban und einem Ritualgewand aus besticktem grünem Musselin. Eine zeitgenössische Beschreibung von einem mittels Hellsehen beobachteten Deva bietet Geoffrey Hodson in seinem Buch *Man's Supersensory and Spiritual Powers:*

> Es gibt innerhalb der Auren [Energiefelder] der Engel verschiedene Kraftschichten; jede Schicht hat ihre eigene Tönung und ihre eigene Strömungsrichtung. Die allgemeine Wirkung ist die einer leuchtendbunten, gesprenkelten moirierten Seide, die aus fließenden Kräften statt aus fester Substanz besteht und sich ständig in wellenförmiger Bewegung befindet. Durch diese vielen... Emanationen, von innen nach außen, schießen ständig Ströme strahlender Energie, die oft weiß und von blendender Helligkeit sind.

Da die meisten Menschen die Fähigkeit des Hellsehens noch nicht entwickelt haben, können wir die Anwesenheit eines Naturgeistes nur mittels Intuition spüren. Mit ihrer Hilfe sind wir in der Lage, uns mehr auf das «Wesen» statt auf die «Form» des Devas zu konzentrieren. Ein Blick auf die Pracht ihrer feinstofflichen Formen dürfte zu den großartigsten Erlebnissen zählen, die einem Menschen zuteil werden können; doch wenn wir Devas nicht sehen, so bedeutet dies keineswegs, daß wir ihre Gegenwart nicht bemerken und nicht mit ihnen zum beiderseitigen Nutzen zusammenarbeiten können. Schließlich sehen wir auch die Elektrizität nicht, aber wir sind uns der wichtigen Rolle, die sie in unserem täglichen Leben spielt, durchaus bewußt.

26

Wo sind Devas zu finden?

Weil die Erd-Devas mit den natürlichen Prozessen in der Natur verbunden sind, werden sie traditionellerweise an abgeschiedenen Orten dargestellt, die in der Regel nicht von Menschen bewohnt sind: Wälder, Berggipfel, Wüstengebiete und einsame Gegenden wie am Nord- und Südpol. Erd-Devas sind jedoch überall auf dem Planeten zu finden, wo der Erde Leben entsprießt, vor allem an prägnanten geographischen Punkten wie Wasserfällen, Bergen, Vulkanen, Klippen, Flüssen und Seen – selbst dann, wenn diese von menschlichen Behausungen umgeben sind. Es gibt sie auch in Parks, Baumgruppen und Gärten aller Art, sogar in Großstädten. Besonders präsent sind Devas überall dort, wo sich ein intensives Wettergeschehen abspielt – zum Beispiel an den schon erwähnten windigen Orten –, und sie haben mit der Entstehung von Regenbogen, Stürmen und Tornados zu tun.

Viele der dramatischsten Formationen der Erde gelten seit langem als Heimstätten der majestätischsten Naturgeister, und sie sind wichtige «Kraftpunkte» sowohl für die Menschen, die dort leben, wie auch für ihre Besucher aus aller Welt. Um einen großen Teil von ihnen ranken sich Sagen und Mythen. Die Aborigines in Australien beispielsweise glauben seit jeher, daß Uluru (Ayers Rock) ein heiliger Erdentempel und ein Zentrum von Erdmagnetismus und Fruchtbarkeit ist, während der Mount Everest von den Tibetern als Sitz der Erdmutter betrachtet wird. Die alten Hawaiianer hielten den Vulkan Mauna Loa für das Zuhause der Göttin Pele, während die Hindu-Mythologie berichtet, daß sich die Göttin Ganga in den Fluß Ganges verwandelte, der der großen Zehe des Gottes Vishnu, des «Bewahrers», entspringt. Auf unserem Planeten gibt es vermutlich Hunderte solcher Kraftpunkte. Zu den größten (und bekanntesten) zählen die folgenden Berge, Vulkane, Cañons, Seen, Flüsse und Wasserfälle auf verschiedenen Kontinenten unseres Erdballs.

Nordamerika
Mount McKinley – Denali (Alaska)
Grand Canyon (Arizona)
Death Valley (Kalifornien)
Mount Shasta (Kalifornien)
Pike's Peak (Colorado)
Vulkan Mauna Loa (Hawaii)
Copper Canyon (Mexiko)
Niagarafälle (Ontario und New York)
Crater Lake (Oregon)
Mount Hood (Oregon)
Mount Rainier (Washington)
Old Faithful Geyser (Yellowstone-Nationalpark,
  Wyoming)
Mount Logan (Yukon Territory, Kanada)

Europa
Stonehenge (England)
White Cliffs – Kreideklippen von Dover (England)
Mont Blanc (Frankreich und Italien)
Vulkane Eldfell und Helgafell (Island)
Vesuv (Italien)
Naerödal-Paß (Norwegen)
Elbrus (Rußland)
Gletscher Mer de Glace (Schweiz)

Asien
Huanggoushu-Fälle (China)
Ganges (Indien)
Mawsmai-Fälle (Indien)
Berg Hebron (Israel)
Vulkan Fuschijama (Japan)
Khone-Fälle (Laos und Kambodscha)
Annapurna (Nepal)
Mount Everest (Nepal und Tibet)
Baikalsee (Rußland)
Tal der Geysire (Rußland)

Süd- und Mittelamerika
Lago Nahuel Huapí (Argentinien)
Aconcagua (Argentinien)
Iguaçu-Fälle (Brasilien und Argentinien)
Torres del Paine (Chile)
Vulkan Irazú (Costa Rica)
Galápagos-Inseln (Ecuador)
Chimborazo (Ecuador)
Machu Picchu, Inkastadt (Peru und Bolivien)
Angel-Fall (Venezuela)

Afrika
Nil (Ägypten)
Victoriasee (Kenia, Tansania und Uganda)
Tafelberg (Südafrika)
Tugela-Fälle (Südafrika)
Kilimandscharo (Tansania)
Victoriafälle (Simbabwe und Sambia)

Ozeanien
Ayers Rock – Uluru (Australien)
Mount Kosciusko (Australien)
Gunung Jaya – Carstensz-Spitzen (Indonesien)
Mount Cook – Aorangi (Neuseeland)
Rotorua-Geysire (Neuseeland)
Wangerei Headlands (Neuseeland)

Unzählige Naturgeister finden sich auch in den großen Wald-
gebieten der Erde, darunter in den Redwood-Wäldern und
Sequoiabeständen Kaliforniens, den Regenwäldern Brasiliens,
Mittelamerikas und Indonesiens sowie den ausgedehnten Na-
delwäldern Alaskas, Kanadas, Skandinaviens und Rußlands.

Was tun Devas?

Naturgeister offenbaren das verborgene, gestaltgebende Leben, das in allen (und durch alle) Lebewesen der Natur wirkt. Im wesentlichen sind sie ein Agens, durch das sich die göttliche Energie manifestiert, und sie sind eine «Blaupause», die es dieser Energie ermöglicht, in der physischen Welt Ausdruck zu finden. Außerdem dienen Devas als eine Art «Umwandler», der diese kosmische Energie und Weisheit auf eine Frequenz «heruntertransformiert», die auf physischer Ebene verwendbar ist.

Als Kanäle von Erdweisheit und Erdenergie stehen sie hinter der Evolution von Gebirgen, Gesteinsformationen, Seen, Flüssen, Meeren, Bäumen und anderen Pflanzen. Mittels der Weisheit, die wir als «Naturgesetze» bezeichnen, steuern sie Schöpfung, Anpassung und Wachstum entsprechend der Beziehung, in der sie zu den vier Elementen Feuer, Luft, Erde und Wasser stehen. Sie spielen eine Rolle bei der Selbstreinigung eines Sees, der Photosynthese eines Baums, dem Wachstum von Moosen und Seetang sowie den intensiven thermischen Aktivitäten eines ausbrechenden Vulkans. Devas sind mit den Gesetzen befaßt, denen die Bewegungen der Winde unterliegen, und sie wirken an der Entstehung von Regen und anderen Wettermustern mit. Hauptsächlich unterstützen Naturgeister die grundlegenden Prozesse der Lebensgestaltung, außerdem tragen sie zur Bewahrung, zum Schutz der Unversehrtheit und Harmonie in jenem Bereich der Erde bei, den wir Biosphäre nennen.

Devas gelten als Naturspezialisten und können entweder eine einzige Funktion haben oder mit einer Vielzahl verschiedener Aufgaben betraut sein. Manche unterstützen die Aufbauprozesse bei der Schaffung neuer Formen (einschließlich der Festsetzung von deren Wachstums- und Entwicklungsgrenzen), während andere mit der Zerstörung alter Formen beschäftigt sind.

Machaelle Small Wright schuf unter Führung und mit Hilfe vieler Devas – darunter eines Wesens, das sie als Pan identifizierte – in Warrenton, Virginia, den berühmten Perelandra-Garten. Ihr *Perelandra Garden Workbook* enthält folgende Botschaft Pans: «In jedem Garten befindet sich ein Team von Naturgeistern, die den Vorgang der Entstehung und Verbesserung von fruchtbarem Boden unterstützten. Der Schwerpunkt ihrer Arbeit liegt auf der Prägung des Bodenbildungsmusters und auf der Hilfe bei der Entfaltung und Bewegung dieses Musters.»

Einige Devas liefern Inspiration, während andere Schutz bieten. Einige erleichtern die Kommunikation und die Übermittlung von Informationen, während wieder andere mit Reparatur- und Heilaufgaben beschäftigt sind. Obwohl wir die Devas gewöhnlich übersehen oder kaum bemerken, sind sie ein überaus präsenter Teil der Welt, in der wir leben.

Die Kommunikation Deva – Mensch

Den meisten von uns ist instinktiv bewußt, daß es Devas gibt, obwohl nur wenige von uns je eines dieser Wesen gesehen haben. In der Kindheit suchten wir unbewußt ihre Gegenwart in «speziellen» Bereichen unserer kleinen Welt: Viele von uns hatten einen Lieblingsbaum im Garten oder einen Lieblingsfelsen in dem Park, den wir aufsuchten, wenn wir uns Tagträumen hingeben oder ein Buch lesen wollten. Jene von uns, die auf dem Land lebten, hatten vielleicht eine besondere Baumgruppe im Wald, zu der sie liefen, wenn sie erregt waren und allein sein wollten. Hielten wir uns im Sommerlager auf, verbrachten einige von uns viele Stunden am Ufer eines Sees und träumten von der Zukunft. An diesen speziellen Stellen verspürten wir vielleicht Trost, Ruhe oder das Gefühl, aufgehoben zu sein. Manche unter uns besaßen im Wald oder Garten sogar «unsichtbare Freunde», mit denen sie Gespräche führten und spielten. Falls auch Sie solche Wahrnehmungen und Gefühle hatten, ist die Chance groß, daß Sie mit einem oder mehreren jener Devas, die diesen Orten zugeordnet waren, in Kontakt standen.

Ein Lieblingsbaum des Autors in Los Angeles, Kalifornien.

Devas können mit Menschen auf vielerlei Weise kommunizieren. Einige wenige Menschen mit hellseherischem Blick sind fähig, die feinstofflichen physischen Formen von Devas wahrzunehmen. Andere «hören» Devas und zeichnen deren Botschaften auf. Wieder andere fühlen sich angeregt, Bilder zu malen, die das Wesentliche der von Naturgeistern empfangenen Informationen wiedergeben. Bei der großen Mehrheit von uns findet die Kommunikation jedoch auf intuitivem Weg statt. Indem wir unsere angeborenen menschlichen Fähigkeiten der Beobachtung, Wißbegierde und Achtung kultivieren, können wir lernen, offener zu werden für die Welt um uns herum, auch für die feinstofflichen Deva-Reiche. Außerdem sollten wir uns unbedingt dessen bewußt sein, daß Devas uns oft «Keimgedanken» oder andere Arten feinstofflicher Kontakte anbieten. Die Wirkung einer solchen Interaktion spüren wir vielleicht nicht, während wir uns in der Natur aufhalten, aber wir können sie später wahrnehmen, besonders wenn wir uns im Traumzustand befinden.

Eine Zusammenarbeit zwischen Menschen und Devas kann in sehr vielen wichtigen Bereichen sichtbar werden. Weil wir mit der Evolution der Natur eng verbunden sind, können Devas uns helfen, die Natur verstehen zu lernen und unseren Platz in ihr richtig einzuschätzen. Sie lehren uns, die ungeheure Vielfalt natürlicher Formen zu würdigen, und zeigen uns, wie man sowohl die Weisheit, die diese Formen schuf, als auch die sie erfüllende Lebenskraft gebührend achtet. Devas können praktische Ratschläge geben für Natur- und Umweltschutz, Aufforstung und Waldwirtschaft, Ackerbau, Landschaftspflege und Parkgestaltung sowie für die richtige Verwendung von Pflanzen zur Heilung und Inspiration.

Des weiteren können Devas uns helfen, ein stärkeres Gefühl der Harmonie mit unserem natürlichen Selbst zu erreichen und die damit einhergehende Sicherheit, Empfindsamkeit und Weisheit zu erlangen. Sie lassen uns das erkennen, was uns einzigartig menschlich macht, erlauben uns jedoch, mit unserem natürlichen «animalischen» Wesen und unseren natürlichen «animalischen» Instinkten in Verbindung zu bleiben. Für viele von uns ist dies völliges Neuland, obwohl es sich um ein Ziel handelt, das wir aus tiefster Seele anstreben. Die Zusammenarbeit mit Devas kann bewirken, daß wir voller Sensibilität und Respekt auf unserer Erde wandeln.

Devas können außerdem die der Natur innewohnenden Heileigenschaften kanalisieren. Wenn wir lernen, mit Devas zu kommunizieren, erlangen wir Zugang zu ihren Schutz-, Tröstungs- und Heilkräften. Sie helfen uns, in uns Eigenschaften wie Mut, Ehrlichkeit und Mitgefühl zu stärken und diese Eigenschaften in unserem täglichen Leben sichtbar zu machen. Schließlich können Devas uns helfen, Körper, Geist und Gefühle besser abzugleichen, so daß wir eine größere Harmonie mit unserer Innen- und unserer Umwelt erlangen.

Wenn wir versuchen, mit den feinstofflichen Wesen in der Natur zusammenzuarbeiten, haben auch *sie* etwas davon. Wir unterstützen sie bei ihren Aufgaben der schöpferischen Gestaltung, Entwicklung und Integration, besonders was die Verteidigung, den Schutz und die Förderung der Heilung unserer Erde anbelangt. Wir versorgen die Devas mit Erkenntnissen und Sichtweisen, die ausschließlich dem Menschen gegeben sind, und wir bieten ihnen einen Schatz an Erfahrung, die sie für ihre eigene Entwicklung brauchen.

Weil wir ein lebendiger Bestandteil dieses Planeten sind, ist es unser Geburtsrecht, Kontakt mit den feinstofflichen Naturkräften aufzunehmen. Durch die Wiederherstellung der verlorengegangenen Verbindung zu ihnen unterstützen wir den Heilungsprozeß in uns selbst und in der Erde, auf der wir leben.

Herausforderung und Chance

Von allen Problemen, mit denen sich die Menschheit konfrontiert sieht, ist das drängendste die Sorge um das Überleben der Erde. Als großer lebender Körper, der Nahrung, Schutz und Auskommen bietet, ist die Erde – wie die amerikanischen Ureinwohner fanden – eigentlich unsere «Mutter» im wahrsten Sinn des Wortes.

Doch ungeachtet ihrer Weite, Kraft und Großzügigkeit wird Mutter Erde ständig von Menschen mißbraucht. Riesige Wälder werden in atemberaubendem Tempo zerstört – Hunderte von Quadratkilometern täglich; die Umweltverschmutzung durch Industrie und Automobil läßt Flüsse und Seen ersticken und verunreinigt die Luft; Bodenerosion macht einst fruchtbare Gebiete dürr und trägt in großen Teilen der Welt zu Armut und Hunger bei. Nach Ansicht vieler ist die Erde, wenn dieser Trend nicht umgekehrt wird, bald nicht mehr in der Lage, die Menschen zu ernähren, gar nicht zu reden von den Tieren und Pflanzen, mit denen wir diesen Planeten teilen.

Im gegenwärtigen kritischen Moment der Erdgeschichte beginnen sich immer mehr Menschen mit ganzer Kraft der Rettung unser aller Heimat zu widmen, sich um Recycling, Erhaltung und Aufforstung zu bemühen. In wachsender Zahl versuchen die Menschen, «zu ihren Wurzeln zurückzukehren», sie fordern die Wiederherstellung der abgebrochenen Verbindung zum Boden und zu der ihm eigenen Weisheit. Und sie versuchen, mittels schamanischer und neoschamanischer Überlieferungen – wie zeremonielles Trommeln, Singen, Visionssuche und Verzehr psychotroper Pflanzen – von neuem Kontakt mit ihrer «animalischen» Natur aufzunehmen, in der Hoffnung, näher heranzukommen an Naturweisheit, wahre Intuition und die Fähigkeit, auf die Erdenergie und die Erdrhythmen zu reagieren.

Laut Dora van Gelder-Kunz, deren hellseherische Kräfte Shafica Karagulla in ihrem Buch *Cie Chakras und die feinstofflichen Körper des Menschen* beschreibt, ist es die vordringliche Aufgabe der Devas, Kraft zu übermitteln und zu steuern. Obwohl sie sich auf die Erde als Ganzes und nicht auf die Menschen im besonderen konzentrieren, leiten sie diese Kraft auch jenen von uns zu, deren Energie der ihren entspricht und die bereit sind, sie zu empfangen. Van Gelder-Kunz sagt, je mehr Menschen sich mit Umweltschutz befassen, desto mehr Gelegenheiten für eine Kommunikation Deva – Mensch würden sich eröffnen.

Weil Devas freie, starke Kanäle für Erdweisheit sind, können sie uns die notwendigen Perspektiven, Vorgehensweisen und Informationen für ein harmonisches Leben mit der Natur und für entwicklungsfähige Strategien zur Erhaltung und Wiederherstellung der Umwelt liefern. Sie sind eine bislang nicht erkannte und viel zu wenig genutzte Hilfsquelle bei unserem Bemühen, den Planeten Erde zu retten. Tatsächlich können sie unsere mächtigsten Verbündeten sein, indem sie uns lehren zu erkennen, was die Erde braucht und wie ihre Bedürfnisse sich am besten befriedigen lassen.

2 Devas und Menschen: Unsere vergessene Verbindung

Was die Natur zu uns sagt, weckt tief in unseren
Herzen etwas. Die Engel sprechen hocherhoben
von Freude und ewigen Dingen, sogar mitten in
ihrer Sorge darüber, wie die Menschheit ihr Werk
auf Erden beeinflußt. Sie erinnern uns an unsere
Bestimmung als Erbauer, nicht als Zerstörer des
Planeten als Ganzem. Sie drängen uns zu größerer
Entfaltung. Ihre Botschaft ist es wert, daß wir sie
hören, sie annehmen und entsprechend ihren
Maximen handeln.

Dorothy Maclean

Die Beziehung zwischen Menschen und Devas läßt sich bis
zum Beginn der Menschheitsgeschichte zurückverfolgen, und
in vielen Teilen der Welt ist diese Verbindung ein integraler
Bestandteil religiöser Lehren der Stammeskulturen. Verehrt
wurden Naturgeister im alten Ägypten, in Griechenland,
Japan, China, Indien und Rom, und sie sind noch heute in
zahlreichen kulturellen Traditionen lebendig, so jener der
australischen Aborigines, der Shuara von Ecuador, der Cuna
von Panama und Kolumbien, der Maori von Neuseeland
sowie der Navaho, Ojibwa, Cholula und anderer Völker
Nordamerikas. Priester im alten Griechenland pflegten unter
den Eichen des Orakelheiligtums Dodona zu schlafen, um von
Naturgeistern, die sie Dryaden nannten, Weisheit zu empfan-

gen, während in Afrika Anhänger des Candomblé einen Fluß aufsuchten und die dortige Göttin (bekannt als Oschun) um ihren Segen und Schutz baten, bevor sie eine Ehe schlossen. Die Mythologie der amerikanischen Ureinwohner, ebenso jene der Kelten, Ägypter, Griechen, Juden, Chinesen und Japaner, ist voll von Geschichten über «sprechende» Bäume, heilende Wasserfälle, gesegnete Steinkammern und -kreise, magische Haine und heilige Berge. In Griechenland «sprach» der Himmelsgott Zeus mit den Sterblichen angeblich durch die heiligen Eichen von Dodona, zu denen Priester und Priesterinnen gingen, um das Orakel zu befragen, indem sie das Rascheln der Blätter deuteten. Einem ähnlichen Glauben hingen die Tlahuica in Mexiko an; sie meinten, die örtlichen Bäume sprächen zu ihnen, wenn der Wind ihre Blätter rascheln ließ. Tatsächlich war bei den Tlahuica das Symbol für Sprache ein Baum mit drei Ästen, der später von der Stadt Cuernavaca als offizielles Wappen übernommen wurde.

In der gesamten Menschheitsgeschichte sind diese Naturformen anerkannt als potente Quellen der Erdweisheit, aus denen alle schöpfen können, die aufgeschlossen sind für ihre Botschaften. Der Umgang mit feinstofflichen Kräften der Natur wird nicht als Aberglauben betrachtet, sondern als praktischer Weg, Zugang zu Weisheit und Heilkraft der Erde zu erlangen und die Menschheit zu befähigen, in Harmonie mit der Natur zu leben.

Diese erdzentrierte Einstellung steht im Widerspruch zu herrschenden kulturellen Überzeugungen über unsere Beziehungen zur Natur, laut denen es eine klare Trennung gibt zwischen Himmel und Erde sowie zwischen Körper und Geist. Vor allem das Christentum wendet sich gegen den heidnischen (oder «natürlichen») Glauben und seine Lehre von den verwandelnden und inspirierenden Eigenschaften der Natur. In den Zeiten, da es noch keine schriftliche Überlieferung gab, galten Inspiration und Magie als normale Aspekte des täglichen Lebens – und so ist es nach wie vor in vielen der heute noch existierenden Stammeskulturen. Ob Menschen jagen, heilen, ernten oder in erweiterte Bereiche des Bewußtseins reisen – von alters her betrachten sie die Natur als Lehrerin und Heilerin und die Magie als einen ihr eigenen essentiellen Daseinsaspekt.

Im Christentum gibt es zwar eng mit der Natur verbundene Mystiker wie Franz von Assisi, Julian of Norwich und Theresa von Avila, aber die christlichen Patriarchen betonten die scharfe Trennung zwischen dem Natürlichen und dem Übernatürlichen. Im Laufe der Jahrhunderte wurde diese Trennung zu einer so tiefen Kluft, daß die Natur fast jenen inneren Geist verlor, der laut den Lehren der erdzentrierten Religionen wie Druidismus, Shintoismus und Taoismus sowie nach Überzeugung der Aborigines und der amerikanischen Ureinwohner alle Dinge durchzieht. Mit wachsendem christlichem Einfluß auf die westliche Natursicht ging die enge Beziehung, die unsere Vorfahren noch zur Natur hatten, zunehmend verloren – in dem Maße, in dem die Menschheit «zivilisierter» wurde. Als wir in die Städte und Stadtrandbezirke übrsiedelten, schwand unser Kontakt zur Natur. Vor allem nach dem Beginn der industriellen Revolution fühlten wir uns so losgelöst von der Welt der Natur, daß wir zu der Ansicht gelangten, die Natur sei unsere Dienerin, die wir manipulieren und ausbeuten könnten, wie wir wollten. Die Folge waren Gefühllosigkeit und Gleichgültigkeit gegenüber unserer Umwelt. Die radikale Vernichtung von Wäldern, das Abschlachten der Büffelherden, die Schändung ganzer Landstriche durch Tagebau, das chaotische Wachstum von Städten, die rasante Zunahme des Straßenbaus und der industriellen Entwicklung sowie die damit einhergehende Verschmutzung von Luft, Flüssen, Meeren und Seen spiegeln die Tatsache wider, daß wir uns nicht als Teil unserer natürlichen Umgebung fühlen und die anderen Lebewesen nicht respektieren.

Die Erde: ein lebendes Wesen

Robert (Medicine Grizzlybear) Lake, ein traditioneller Heiler und Zeremonienmeister vom Stamm der Ojibwa, ist der Überzeugung, daß die andauernde wirtschaftliche Ausbeutung der Erde auf dem Planeten ein schweres Ungleichgewicht verursacht, das nicht länger ignoriert werden darf. Er hält die ungewöhnlichen Wetterabläufe, die Vulkanausbrüche, die zunehmende Erdbebenaktivität, die alle Rekorde brechenden Schneestürme, Überschwemmungen und Dürreperioden, die Seuchen und neuen Krankheiten sämtlich für Folgen des Mißbrauchs der Erde durch die Menschheit: «Mutter Erde wird nicht nur verschmutzt, sondern sie wird auch schwach und sehr krank... Wenn sie stirbt, sterben wir alle. So einfach ist das.» Die zunehmenden Fälle von Mißbildungen bei Neugeborenen, von Krebs und von Erkrankungen, die mit einer Schwächung des Immunsystems bei Mensch und Tier zu tun haben, zeugen von der gefährdeten Gesundheit unserer Erde als Ganzes.

Alte Traditionen lehren, daß die Erde ein lebendes Wesen ist und daß alles, was auf ihr existiert, teilhat an einer starken, allumfassenden Lebenskraft, die jeden Aspekt unserer planetaren Heimat vitalisiert und mobilisiert. Die alten Polynesier und Hawaiianer nannten diese Lebenskraft *Mana*, die frühen Hindus sprachen von ihr als *Prana*, die Algonkins kannten sie als *Manitu*, und die Omahas bezeichneten sie als *Wakanda*. Die Anhänger des Shintoismus, der Urreligion Japans, gaben ihr den Namen *Kamikaze* oder «göttlicher Wind»; dieser Begriff geht zurück auf *kami*, die alle Naturphänomene durchdringenden Elementarkräfte, und *kazi*, Wind, der das ist, was die Kräfte von *kami* belebt. Im Zweiten Weltkrieg wurde der Terminus von den japanischen Kampffliegern übernommen, die Selbstmordangriffe gegen die feindlichen Seestreitkräfte flogen.

Die Blackfeet oder Schwarzfußindianer, Ureinwohner des Staates Montana, hielten diese Kraft für ein Geschenk von Natos, der Sonne, und für die schöpferische Quelle jeglicher

Ayarrán-Hain bei Angosturas, Argentinien.

Kraft und Belebtheit. Sie nennen diese Energie «Großer Geist» und glauben, daß sie sich in Bergen, Winden, Tieren und Bäumen findet. Und die von den Blackfeet seit jeher verehrte Natos segnet wiederum die Blackfeet, weil diese alle ihre Geschöpfe respektieren.

Die Ältesten in Stammeskulturen auf der ganzen Welt lehren, daß es in der Natur so etwas wie einen «leblosen Gegenstand» nicht gibt, daß das Geschenk des Lebens nicht nur Zweibeinern, Vierbeinern und geflügelten Kreaturen zuteil wird, sondern auch den Pflanzen, Flüssen und Seen, Klippen und Bergen, Regen und Winden. Diese werden nicht als getrennt vom Menschen betrachtet, sondern gelten als unsere «Verwandten» (oft unsere älteren Verwandten). Das menschliche Leben muß deshalb im Gesamtkontext aller Kinder von Mutter Erde betrachtet werden.

Die religiösen Traditionen unserer ältesten Vorfahren basierten auf dem Glauben, daß die Erde sowohl ein Lebewesen als auch eine «Mutter» aller auf dem Planeten existierenden Lebensformen sei. Der Glaube an eine nährende Mutter bildete die Grundlage für eine Göttinenverehrung, die es bereits lange vor der Verehrung männlicher Götter gab. Spuren einer Göttinenverehrung finden sich in archäologischen Aufzeichnungen und in Artefakten aus Sibirien, Südafrika und Irland; einige davon lassen sich bis 25 000 v. Chr. zurückdatieren. Die prähistorische Große Göttin war die Vorläuferin jener Göttinnen, über die wir in alten Sagen und Geschichten lesen.

Beispiele für die allmächtige Göttin sind Ajysyt, die sibirische Göttin der Geburt, Nammu aus Sumeria und Omecihuatl aus Mittelamerika. Für die alten Griechen war die Erde die Göttin Gaia, und die Kontinente Afrika, Asien und Europa benannten sie nach anderen Manifestationen Gaias. Nokomis hieß die Mutter Erde in der nordamerikanischen Indianer-Sprachfamilie Algonkin, wo der Glaube herrschte, alle lebenden Dinge würden an ihrem Busen genährt. Das Volk der Kaean in Neuguinea kennt sie als Dzari, während sie bei den Azteken als Toci figuriert, die Mutter der Götter und das Herz der Erde. Bei den Maori im heutigen Neuseeland hieß die

Mutter Erde Papatuanuka (Papa), und um ihre Nacktheit zu bedecken, schuf ihr Sohn, der Gott Tanemahuta (Tane), die «Vielzahl der Bäume».

Die frühen slawischen Völker bezeichneten Gaia als Mati-Syra-Semlja und betrachteten sie als höchstes Wesen. Laut dem Anthropologen Stanley Krippner bohrten slawische Bauern mit den Fingern ein kleines Loch in den Boden, legten ein Ohr auf das Loch und horchten, was die «Feuchte Mutter Erde» ihnen zu sagen hatte.

Weil die Sonne und die Mutter Erde so groß und allumfassend waren, isolierten und personifizierten unsere Vorfahren im Laufe der Zeit verschiedene Aspekte des «Großen Geistes». Oft verehrten sie, wie beispielsweise die Blackfeet, den Großen Geist in den kleineren, greifbareren Formen, die sie sehen und fühlen konnten: Berge, Seen, Flüsse, Steine, Tiere, Insekten und Pflanzen.

Bäume existieren gleich den Menschen vorwiegend in senkrechter Weise. Das ist einer der Gründe, warum sie in unserer Beziehung zu Naturformen lange eine Sonderstellung einnahmen. Als Lebewesen, die eine gewaltige Demonstration von Leben darstellen, liefern sie Nahrung, Schutz, Arzneimittel sowie Brennstoff, und sie spenden Schatten. Außerdem bescheren sie der Menschheit seit jeher Schönheit, Hoffnung, Trost und Inspiration. Viele alte Kulturen glaubten an einen Weltbaum oder mythischen Baum, der im Zentrum des Universums steht, während andere der Überzeugung waren, die Menschen würden von Bäumen geboren. Die nordische Mythologie lehrt beispielsweise, der erste männliche Mensch sei von der Esche geboren worden und der erste weibliche Mensch von der Ulme.

Weil unsere frühen Vorfahren mit der Natur in engem Kontakt lebten – wie viele Stammeskulturen es heute noch tun –, waren sie den Naturphänomenen wie Stürmen, Erdbeben und Vulkanausbrüchen oft unmittelbar ausgesetzt. Deshalb wurde die Natur sowohl verehrt als auch gefürchtet, und der Glaube der ersten Menschen an Naturgötter und andere Geister war natürlich stark von solchen Erfahrungen geprägt.

Tier- und Menschenopfer beispielsweise muß man in Gebieten wie Mexiko und Polynesien, wo es ziemlich regelmäßig zu verheerenden Vulkanausbrüchen und Erdbeben kam, als Mittel zur Besänftigung zorniger Götter und Naturgeister betrachten.

Furcht vor der Natur herrschte jedoch nicht weltweit. Viele Stammeskulturen sahen in der Natur keineswegs etwas Furchterregendes, sondern eine besondere Freundin und Wohltäterin. Die Anthropologin Frances Densmore schrieb in ihrem Essay «Notes on the Indian's Belief in the Friendliness of Nature» über einen Ojibwa-Älteren namens Ruffled Feathers («Zerzauste Federn»), der oft mit Wassergeistern arbeitete. Auf die Frage, ob Wellen in einem Fluß vom Zorn des entsprechenden Geistes kündeten, antwortete er:

Wellen bedeuten nicht, daß der Wassergeist zornig auf jene ist, die übersetzen wollen. Es ist natürlich, daß bei schlechtem Wetter Wellen auftreten, genau wie eine glatte Wasseroberfläche natürlich ist. Aber wenn der Wassergeist von der richtigen Person gebeten wird, kann er die Wellen zur gewünschten Zeit beruhigen, so daß die Menschen ihren Weg sicher fortsetzen können.

Laut der *Encyclopedia of Religion* «gibt es kaum einen Gegenstand in der Natur, der nicht mal irgendwann oder irgendwo zum Mittelpunkt eines Kults geworden ist». Die Anhänger des Shintoismus verehrten neben den Gottheiten himmlischer Reiche auch Götter der Luft (darunter Windgötter, Sturmgötter und Regengötter) sowie Götter der Erde. Außerdem betete man zu Meeresgöttern, Pflanzengöttern, Flußgöttern und Berggöttern, zu denen Oho-yama-tsu-mi zählte, der «große Herr des Berges», dem zahllose geringere Naturwesen dienten. In einer geologisch instabilen Region wie Japan verehrten die Ureinwohner auch die unterirdischen Naturgötter – und fürchteten sie, weil sie, wie man glaubte, für Erdbeben und Vulkanausbrüche verantwortlich waren.

Große Achtung brachten die Maori den Feuergöttern entge-

Kiefern, Victoria Island, Argentinien.

gen, und bei vielen Maori-Stämmen hatten Ritualfeuer lange eine wichtige spirituelle Funktion. Die Tuhoe beispielsweise kennen mehr als achtundzwanzig verschiedene Zeremonien, bei denen rituelle Feuer eine Rolle spielen. Dazu zählen Ahi Taitai – ein Feuer, über dem ein Gebet zum Schutz des menschlichen Lebensprinzips gesungen wird – und Ahi Torongo, ein Ritualfeuer, mit dem die Götter darum gebeten werden, die Süßkartoffelernte vor Vernichtung durch Raupen und Käfermaden zu schützen.

Die Hindus verehren traditionellerweise Naturwesen, und die alten vedischen Hymnen personifizieren die Naturkräfte oft und statten sie mit menschlichen Eigenschaften aus. Indra beispielsweise ist ein hinduistischer Sturmgott, der vor allem im *Rigveda* eine Rolle spielt. Als Gott, dessen Stürme sowohl Fruchtbarkeit als auch Zerstörung bringen können, wird er seit jeher geliebt und gleichzeitig gefürchtet. Die Veden sprechen auch von Flüssen als «Müttern» und «Beschützerinnen», während sich die Gebete in den Veden an die Berge, die Winde und die Erde richten. Die ausgedehnten Gebirge Nord- und Mittelindiens sind von den Hindus von alters her personifiziert und zu vedischen Zeiten in den Rang und Status großer Gottheiten erhoben worden.

Tradition ist bei den Hindus auch die Verehrung von Feuergeistern, Flußgeistern und Baumgeistern. Der Heilige Bobaum oder Pipal und der Banyanbaum, beide zur Gattung Feige gehörend, gelten als Heimstatt der Gottheiten Brahma, Vishnu und Shiva – des Schöpfers, des Bewahrers und des Zerstörers. Viele andere Bäume, (darunter Mango, Bengalische Quitte, Paternosterbaum, Jujube oder Brustbeerenbaum und Kadamba) gelten als Wohnstätten verschiedener Götter und Göttinnen.

Die Kelten im vorchristlichen Britannien und die Gallier hatten eine starke Tradition der Naturverehrung, die sich besonders auf Wasserquellen konzentrierte, wozu auch Flüsse und Seen zählten. Mit den keltischen Ausdrücken *Deva, Diva* oder *Devona*, die «das Göttliche» bedeuten, bedachte man oft Flüsse. Vorvo, Burmo oder Mormanus lauteten die Namen, die man dem «kochenden» Gott von Thermalquellen gab. Weil heiliges Wasser das Wachstum von Bäumen fördert, hielten die Kelten auch Bäume für heilig und betrachteten viele als Aufenthaltsort von Baumgöttern. Der Gott Fagus wurde mit Buchen in Verbindung gebracht, Boxenus mit Buchsbäumen, und Robur war der Deva von Eichen.

Die Druiden – die Priester bei den Kelten – unterhielten heilige Haine als Stätten ihrer Götterverehrung. Der gallisch-britische Ausdruck *nemeton* oder Heiligtum impliziert tatsächlich einen heiligen Eichenhain oder eine heilige Waldlichtung. Zusammen mit der Eibe und der Birke bildete die Eiche (der heilige Baum Thors) eine Baumdreiheit, die den druidischen Drei Säulen der Weisheit entspricht. Oft wurden um heilige Quellen besondere Einfriedungen aus Stein, Holz oder Zweigen errichtet (wie jene um die Thermalquellen von Les-Fontaines-Salées in Yonne, Frankreich), ebenso um heilige Hügel (wie den Hill of Tara in der irischen Grafschaft Meath). Viele Spekulationen ranken sich um die wirkliche Funktion der berühmten Anlage von Stonehenge, aber einige Forscher – darunter bereits im 18. Jahrhundert der Architekt John Wood – äußerten die Überzeugung, es handle sich in erster Linie um einen Tempel für die Sonnenanbetung der Druiden.

Gleich den Kelten betrachteten die Teutonen, die im Gebiet des heutigen Deutschlands lebten, Haine als Heiligtümer, in denen gütige Geister zu Hause waren. Wie in anderen Teilen der Welt, so befanden sich heilige Haine auch hier oft nahe heiligen Quellen, denn Wasser galt stets und überall als Ursprung spiritueller Kraft. Neben Quellen verehrten die Teutonen Flüsse, Ströme, Heilquellen und Wasserfälle voller Dankbarkeit und Freundschaft. Waldwinde dagegen wurden oft gefürchtet, weil die Teutonen glaubten, diese Winde seien die Geister von Toten, die zur Wilden Jagd ausritten.

Die frühen Estländer verspürten eine besondere Verwandtschaft zum Wald, der für sie ein von übernatürlicher Kraft erfülltes lebendes Wesen darstellte. Viele dieser Menschen waren Bauern, Jäger und Sammler und lebten außerhalb der Wälder, doch sie betrachteten sie als einen Ort, der ihnen

Zuflucht von Feinden bot und ihnen Nahrung in Form von Tieren und Pflanzen sowie wertvolles Holz zum Bauen, Kochen und Heizen lieferte.

Waldgeister werden in einer Geschichte beschrieben, die Ivar Paulson in seinem Buch *Old Estonian Folk Religion* erzählt:

> Jeder Wald hat seine eigenen Geister. Die Geister eines Birkengehölzes gehen nie in einen Erlen- oder Eichenwald, und sie ziehen auch nicht von einem Wald in den nächsten, selbst wenn dieser von der gleichen Art ist. Die Geister selbst sind angeblich von der guten Sorte. Sie schaden dem Vernehmen nach niemandem. Es heißt, daß sie in alten Zeiten in den Wald beordert wurden, um ihn zu beschützen. Manchmal bedrohen sie schlechte Menschen und lassen sie in die Irre gehen, zum Beispiel solche, die am Sonntag Holz hacken, die anderen derbe Streiche spielen oder Übles im Schilde führen.

Gleich vielen anderen alten Völkern entwickelten die Estländer eine Reihe von Praktiken, um sowohl gute Beziehungen zum Obergeist des Waldes wie auch zu den unzähligen dort anzutreffenden niederen Geistern *(metsavaimud)* zu pflegen. Zu den Opfergaben, die für die vom Wald empfangenen Wohltaten dargebracht wurden, zählten zum Beispiel «Freundschaftsgelöbnisse»: Bänder, die man aus Stroh, Leder, Zweigen oder Blumen flocht und um einzelne Bäume schlang. Das machte man vor allem dann, wenn man ein Tier erlegt hatte, zum Zeichen der Dankbarkeit und zum Ausgleich für den Schaden, der durch die Tötung des Tiers entstanden war.

In Mittel- und Südamerika verehrten viele Völker die Natur. Die Azteken beispielsweise beteten Tlaloc an, das «Fruchtfleisch der Erde», Gott der Berge, des Regens und der Quellen. Jedes Jahr schufen die Azteken einen künstlichen Wald mit einem hohen Baum in der Mitte und vier weiteren Bäumen um ihn herum, die die vier Himmelsrichtungen symbolisierten. Der mittlere Baum hieß Tota, «Unser Vater», und verkörperte Tlaloc in seiner ganzen Glorie. Schließlich wurde er aus dem Kreis genommen und aufrecht in die Mitte eines Sees «gepflanzt», wo man zu Ehren Tlalocs ein Menschenopfer darbrachte (meist war es ein junges Mädchen).

Auch die polynesischen Völker glaubten an Naturgeister. Die hawaiischen Schamanen oder *Kahuna* lehren, daß alles lebendig, erkennend und reagierend ist und daß das Gott-Selbst *(aumakua)* in allem die Quelle dieser Bewußtheit ist. In *Kahuna Healing* erklärt Serge King:

> Ein Baum hat sein eigenes *aumakua*, genau wie der Wald, dessen Teil der Baum ist, wie das Tal, in dem der Wald steht, und so fort durch die ganze Welt – und darüber hinaus. In der alten Zeit bat ein Kahuna den Baumgeist um Erlaubnis, bevor er den Baum fällte, oder den Geist des Tals, bevor er es durchquerte. Er tat dies aus Achtung für die eine Quelle, die in ihnen allen lebte, und um sich das Wohlwollen der Geister zu sichern.

Die australischen Aborigines, die als älteste der noch existierenden menschlichen Kulturen gelten, glauben von alters her, daß alle lebenden Formen – Berge, Flüsse, Seen, Bäume, Tiere und Menschen – Prägungen des metaphysischen oder angestammten Bewußtseins sind, das sie erschaffen hat; damit ist gemeint, daß sich das Physische nicht vom Spirituellen trennen läßt. Gleich anderen Stammeskulturen glauben die Aborigines, daß die Erde und die Biosphäre von unzähligen Geistwesen bevölkert werden; dazu zählen ein mächtiger Himmelsgott, bekannt unter den Namen Baiaime, Daramulun oder Nurundere («Der Vater aller Dinge»), verschiedene Regengötter wie Wuluwaid und Bunbulama sowie der Geist des Buschs, Koi. Robert Lawlor erklärt in *Am Anfang war der Traum*: «Tiere und Pflanzen gelten als die Verkörperung der welterschaffenden Kräfte, als Vorfahren aus der Traumzeit. Ihre physische Gegenwart auf der Erde veranschaulicht die spirituelle Gegenwart der Gottheiten.» Aus diesem Grund ist jeder Aspekt des Stammeslebens seit jeher mit der Bewußtheit der Existenz von Naturgeistern und mit Respekt ihnen gegenüber verbunden – eine Einstellung zum täglichen Leben, die dort noch heute fortbesteht.

Die Mapuche der patagonischen Regionen Chiles und Argentiniens sind der Überzeugung, daß der Geist der heiligen *pehuen* oder Araukarie (Andentanne) nicht nur in knappen Zeiten Nahrung liefert, sondern darüber hinaus positiven metaphysischen Einfluß auf die Ernte ausübt. Er gilt als besonders gütig gegenüber Frauen und Kindern. Die Andentanne steht angeblich auch in Verbindung mit einem Naturwesen, das als «Hachas de Pillan» bekannt ist und in den Vulkanen Südchiles haust. Wie Zeus bei den alten Griechen, so wird Hachas de Pillan bei den Mapuche als Erschaffer von Stürmen und Donner angesehen.

Die Anthropologin Ziley Mora Penroz zitiert eine alte Mapuche-Frau aus der chilenischen Region Quepe, die in ihrem täglichen Leben als Keramikerin die spirituellen Aspekte der Natur respektiert:

> Wenn ich Tonerde sammeln gehe für die Herstellung von *metawe* [Steingußgefäße], hinterlasse ich immer der *Regkuse* [dem weiblichen Geist der Tonerde] andere kleine Steingutgefäße oder anthropomorphe Figuren, die aus dem gleichen Material hergestellt sind. Von Zeit zu Zeit hinterlasse ich etwas gefärbte Wolle oder gute Kräuter. Man kann auch zu ihren Ehren singen und tanzen. Wenn man das nicht tut, ist sicher, daß mit den *metawe* irgend etwas passiert: Entweder sie zerbrechen, oder niemand kauft sie, oder die schwarze Glasur gelingt nicht.

Mehrere frühe Überlieferungen der Joruba über Kommunikation mit Naturgeistern gelangten im 16. Jahrhundert nach Amerika, und zwar durch Sklaven aus Gebieten, die heute zu Nigeria, dem Kongo und Angola gehören. Einige dieser Überlieferungen findet man heute in den synkretistischen afro-karibischen Religionen Candomblé und Santería wieder, die in Brasilien und unter Kubanern und Puertoricanern afrikanischer Abstammung verbreitet sind (auch unter den Kuba-

50

nern und Puertoricanern, die in den Vereinigten Staaten leben). Diese Kulte ermöglichen ihren Anhängern enge Kontakte mit den Naturkräften und lehren sie, sich durch solche Kontakte bewußt der Weisheit und den Heilkräften zu öffnen, die mit Felsen, Bergen, Strömen und Seen verbunden sind. Ferner lehren sie, daß die Arbeit mit den Geistern, die hinter diesen Naturformen stehen, uns berechtigt und befähigt, als «Brücke» zwischen den Kräften des Himmels und der Erde zu fungieren und die spirituelle Sicht ganz realistisch mit praktischer Anwendbarkeit zu verschmelzen.

Sowohl Candomblé als auch Santería lehren, daß es einen allmächtigen, allumfassenden Schöpfergott (Olorun oder Odulumare genannt) gibt, den ein riesiges Pantheon verschiedener Götter und Göttinnen unterstützt. Diese fördern nicht nur die Entwicklung der Natur, sondern leisten auch einzelnen Menschen persönlich Hilfe. Jeder Naturgeist oder Orischa ist einem bestimmten Aspekt der Natur zugeordnet:

Die bedeutendsten Orischas und ihre Entsprechung in der Natur

Candomblé	Santería	Naturgestalt
Oschanla	Obatala	Berge
Yemanjá	Yemanjá	Meer
Nanan	Nana Buukun	stehende Süßwasser
Schango	Chango	Klippen
Oschun	Ochun	Flüsse, Ströme
Omolu	Elegguá	Felder, offene Flächen
Ochosi	Ochosí	Wälder
Ogun	Oggun	Eisenablagerungen
Jansan	Jansa	Winde

Beide Religionen, Candomblé wie Santería, haben in Verbindung mit jedem Orischa komplizierte, beeindruckende Zeremonien entwickelt. Spezielle Gesänge, Tänze, Gewänder, persönliche Vorbereitungen, Gebete, religiöse Figuren und Tieropfer (einige Kirchen gestatten jedoch statt dessen Pflanzen-Nahrungs-Opfer) spielen eine wichtige Rolle bei diesen

Zeremonien, die unter der Leitung qualifizierter Candomblé-
oder Santería-Priester oder -Priesterinnen stattfinden sollten.

Kommunikation mit den Devas
in westlichen Ländern

Während der letzten Jahrhunderte traten sensitiv begabte
Menschen – darunter bekannte Philosophen, Musiker, Reli-
gionsführer, Dichter und Künstler – auch im Westen vermutlich von Zeit zu Zeit mit Naturgeistern in Verbindung.
Obwohl nur wenige bestätigten, Kontakt mit Devas gehabt zu
haben, so zeugen doch die lichtdurchfluteten Landschaften
und Pflanzengemälde von Künstlern wie Vincent van Gogh,
Albert Bierstadt, Odilon Redon, Frederick Church, Thomas
Cole und anderen Mitgliedern der Hudson River School von
einer fast übernatürlichen, über die normalen fünf Sinne hin-
ausgehenden Verbindung mit der Natur. Auch die literari-
schen Werke von Henry David Thoreau, Ralph Waldo Emer-
son, Walt Whitman, John Muir, Jiddu Krishnamurti, Jacques
Yves Cousteau, Father Thomas Berry und anderen verra-
ten eine ungewöhnlich tiefe und sensible Verbindung mit
der Natur, wie auch der Schluß des Gedichts «Nebel» von
Thoreau zeigt:

> Geist von Seen und Flüssen, Meeren und Bächen –
> Besuche erneut nun deine heimischen Gefilde.
> Nachtgedanken aus Erde – Traumdraperie,
> Taudecke und Elfenserviette
> Du winddurchwehte Wiese der Luft.

Im 20. Jahrhundert sprach eine ganze Reihe von Menschen
offen über ihre Verbindung zu den Naturgeistern. Einige von
ihnen sind Mitglieder der Theosophischen Gesellschaft, einer
internationalen Organisation, die das Studium der Verglei-
chenden Religionswissenschaft und die Untersuchung uner-
klärter Naturkräfte fördert. Einer der frühesten theosophi-

Gelbe Buche bei Peulla, Chile.

schen Forscher war C. W. Leadbeater (1847–1934), ein Lehrer und Hellseher, der vor allem durch sein Buch über menschliche Energiezentren, *Die Chakras*, bekannt wurde. In *The Hidden Side of Things* spricht Leadbeater über kleine Naturgeister (im Volksmund Elfen genannt), die oft von Süßwassergebieten angezogen werden:

> Manche sehr schöne Arten bewohnen Binnengewässer, wo der Mensch noch keine für sie unerträglichen Bedingungen geschaffen hat. Natürlich sind der Schmutz und die Chemikalien, mit denen in der Nähe jeder großen Stadt das Wasser verunreinigt wird, ekelhaft für sie; aber sie haben offensichtlich keine Einwände gegen das Wasserrad in einem versteckten stillen Winkel, denn man sieht sie manchmal, wie sie sich in einem Mühlgerinne vergnügen. Sie scheinen Freude an herabstürzendem Wasser zu haben.

Eine der Lieblingsschülerinnen Leadbeaters war Dora van Gelder-Kunz. Die einstige Präsidentin der Theosophischen Gesellschaft in Amerika hat nicht nur das bekannte Heilverfahren «Therapeutic Touch» entwickelt, sondern ist auch eine bekannte Hellseherin, die seit mehr als achtzig Jahren Umgang mit Devas hat.

In dem Büchlein *Devic Consciousness* schreibt sie:

> Unsere Art, das Leben zu betrachten, vermittelt uns sogenanntes «Augenwissen»; wir sehen Dinge dort draußen, völlig getrennt von uns. Dies führt dazu, daß wir Urteile fällen, denen unsere Reaktion auf den äußeren Anschein der Dinge zugrunde liegt. Wir sehen nichts als die Gestalt, die uns entweder spontan anzieht oder abstößt. Devas dagegen nehmen das Leben in Form von Energien wahr; für sie sind die Harmonien und Rhythmen der Natur am wichtigsten.

Der vielleicht bekannteste theosophische Forscher war Geoffrey Hodson (1886–1983), ein Lehrer, Schriftsteller und Heiler, der gleich Leadbeater und Kunz wegen seiner hellseherischen Fähigkeiten in hohem Ansehen stand. Hodson trat 1926 auf seinen Wanderungen in ländlichen Gegenden Englands mit Mitgliedern der devischen Hierarchie in Verbindung. Er schrieb mehr als sechzig Bücher, darunter allein zehn über die Hierarchie der Engel. In der Einführung zu seinem berühmten Werk *The Kingdom of the Gods* schildert er seine klarsichtigen Beobachtungen von Naturgeistern:

Eines Tages, als ich auf einem Hang am Rande eines Buchenwalds in einem abgeschiedenen Tal Westenglands mit aller Kraft versuchte, das Heiligtum des verborgenen Lebens der Natur zu betreten, füllte sich für mich der Himmel plötzlich mit Licht. Mein Bewußtsein wurde emporgetragen in ein Reich, das von jenem Licht erstrahlte, das es auf dem Land oder dem Meer nie gab. Nach und nach erfaßte ich die Gegenwart eines großen Engelwesens, das zweifellos für meinen gehobenen Zustand verantwortlich war. Von seinem Geist zu meinem begann ein Strom an Weisheiten über das Leben zu fließen, über die Kraft und das Bewußtsein des Universums sowie beider Selbstäußerung als Engel und Menschen.

Später beschreibt Hodson eine Begegnung mit einem sehr großen Deva auf dem Bream Head Mount unweit der Einfahrt zum Hafen von Whangarei in Neuseeland. Er schildert den Deva als irgendwie von Menschengestalt, mehr als hundertzwanzig Meter groß und umgeben von einer Energie-Aura, die etwa hundert Meter maß. «Die Farbe ist Purpurrot, durchschossen von weißem Feuer, das sich auf halber Höhe in Grün verwandelt und in Gelb, dort wo Hals und Herz sein würden.» Als unterhalte er sich mit ihm, erläuterte der Deva einige seiner Pflichten:

Im Gegensatz zu meinen Brüdern bin ich gleichermaßen zuständig für die Entwicklung von Lebensgeist in der Luft über mir und um mich herum, besonders jedoch über der Hafeneinfahrt zu dem Land dahinter. Außerdem helfe ich bei der Entwicklung von Leben in den Mineral- und Pflanzenreichen in diesem Berg und in einem weiten Bereich darunter.

Der englische Arzt Edward Bach (1886–1936), der die berühmten Bach-Blüten-Heilmittel entwickelte, war ein überaus sensibler Mensch und verbrachte einen großen Teil seiner Zeit in der Natur. Bach glaubte, die Sonne übermittle die essentielle elektrische «Schwingung» von Blüten dem Wasser, das als Folge davon energetisch gesättigt würde. Er ließ Blütenblätter in Quellwasser schwimmen, damit die Sonnenstrahlen jede Blüte entsprechend «präparieren» konnten. Mittels dieser Methode entwickelte er achtunddreißig verschiedene Blütenheilmittel, die mit bestimmten Stimmungen oder Geisteshaltungen – wie Angst, Zorn, Sorge, Bangigkeit und Neid – direkt in Beziehung stehen und so als Katalysatoren für subtilere Ebenen des Heilprozesses dienen, der stattfinden soll.

Bach selbst behauptete nicht, bei seinen Forschungen Verbindung mit Devas gehabt zu haben, aber andere zeitgenössische Praktiker – darunter Molly Sheehan von der Green Hope Farm in New Hampshire – sind überzeugt davon, daß Devas sie nicht nur bei der Auswahl der Blüten und beim Zubereiten der Blütenessenzen leiten, sondern daß sie es sind, die eigentlich die Heilenergie und die Weisheit von den Blütenblättern in das Wasser transferieren. Wenn wir Heilmittel einnehmen, in denen die Blütenessenz enthalten ist, wirkt die Schwingungseigenschaft der Blüte – wie sie von den Blumen-Devas gesteuert wird – auf unsere feinstoffliche emotionale und mentale Natur ein und erlaubt uns, die richtige Ausrichtung wiederzuerlangen und Heilung zu finden.

Die vielleicht wichtigste zeitgenössische Person, die der Öffentlichkeit die Realität einer Beziehung zwischen Devas und Menschen nahebringt, ist Dorothy Maclean, die Autorin von *To Honor the Earth*, bekannt auch durch ihre Workshops und Vorträge. Als eines der ersten Mitglieder der Findhorn Community in Schottland wurde sie angeleitet, sich auf Naturkräfte einzustimmen und mit ihnen zu harmonieren. Sie setzt jetzt ihre Arbeit mit Naturwesen in der kanadischen Lorian Community fort.

Menschen, die mit Devas arbeiten, haben oft die falsche Vorstellung, daß Devas gegen technischen Fortschritt sind und der modernen Welt im allgemeinen ablehnend gegenüberstehen. Maclean erklärt jedoch, daß es gar nicht um die moderne Technologie als solche ginge, sondern um deren oft fehlgeleitete praktische Anwendung. Über die Möglichkeit einer Zusammenarbeit von Menschen und Devas in der gegenwärtigen Phase der menschlichen Entwicklung schreibt sie:

Die Devas sind zu bewußter Zusammenarbeit mit Menschen bereit, die aus ganzheitlichen Motiven ihre Hilfe suchen. Sie werden kooperieren, indem sie die Zerstörung aufheben, die der Mensch auf dem Planeten angerichtet hat, sofern auch wir unseren Part dabei übernehmen. Sie werden in gemeinsamen kreativen Bemühungen kooperieren, das bereits von ihnen geschaffene Pflanzenleben mit Hybriden und Neuentwicklungen zu verbessern, sofern auch wir unseren Part dabei übernehmen. Sie werden mit wissenschaftlich geschulten Ökologen in einer noch zu definierenden Weise zusammenarbeiten.

Hinwendung zu einer neuen Weltsicht

Die Kommunikation mit der Natur und das Wissen darum, wie man die Welt vom Standpunkt der *Natur* aus sieht, sind Bestandteil einer neuen Sicht der Dinge, die als «Tiefenökologie» bezeichnet wird. Hervorgegangen ist sie aus dem Glauben früher Stammesvölker, daß die Erde ein lebender Körper sei und daß «Gott» oder der Große Geist die gesamte Natur mit Weisheit ausstattete, einer Weisheit, die auch uns (als Kindern der Erde) eigen ist. Die Tiefenökologie lehrt, daß das Leben auf den fundamentalen Ebenen wechselseitig miteinander verbunden ist und daß wir danach trachten müssen, die anderen Stimmen der Natur zu verstehen, um die Bedürfnisse unserer planetaren Heimat besser wahrnehmen zu können. Bill Devall und George Sessions gaben in diesem Zusammenhang folgende Definition: «Die Tiefenökologie geht über eine beschränkte, partielle, oberflächliche Einstellung zu Umweltproblemen hinaus und versucht, eine umfassende religiöse und philosophische Weltsicht zu artikulieren. Die Grundlagen der Tiefenökologie sind die fundmentalen Intuitionen unserer Selbsterfahrung und Naturerfahrung, in denen ökologisches Bewußtsein enthalten ist.»

Das instinktive Umweltverständnis war bei unseren frühen Vorfahren sehr viel stärker ausgeprägt als bei uns heute. Ihre vertrauensvolle Abhängigkeit von Bäumen, Flüssen und Tieren in bezug auf Nahrung, Schutz, Heilung, Zuflucht usw. bewirkte, daß sie sich ihrer Umwelt zutiefst *bewußt* waren und dementsprechend *wußten*, wie man in der Welt der Natur eine ihr zuträgliche und trotzdem aktive Rolle spielt. Die Natur wurde nicht als Gegnerin betrachtet, sondern als Wohltäterin akzeptiert, die man wie eine großzügige Verwandte und Freundin zu behandeln hatte. Ein amerikanischer Stammesältester aus dem Nordwesten fragt: «Wie könnte die Natur je böse sein auf uns, wo wir doch alles, was wir haben, von ihr erhalten – unsere Nahrung, Baumaterial und Bekleidung –, wo uns die Natur alles gibt?»

Wir erfassen intellektuell zwar noch, daß – beispielsweise – unsere Bewegungen vom Gravitationsfeld der Erde gesteuert werden und daß der Menstruationszyklus der Frau den Mondphasen entspricht, aber uns ist oft nicht bewußt, welche Wirkung Landschaft, Klima, Feuchtigkeit, Licht und Temperatur auf uns als Einzelwesen und als Gesellschaft haben können. Indem wir den laufend neuen Entdeckungen der modernen Wissenschaft über die ökologische Bedeutung von Pflanzen, Flüssen, Luftströmungen und geologischen Formationen Beachtung schenken und den metaphysischen Aspekt der Natur, wie er sich in Brauchtum und Anthropologie widerspiegelt, würdigen und schätzen, können wir zu einer neuen Beziehung gelangen – einer Beziehung des Staunens und Verständnisses, der Achtung und Dankbarkeit gegenüber der großen Lebensgemeinschaft in unserer unmittelbaren Umgebung und in den weiteren Bioregionen, die unsere Planetenheimat bilden. Die uns verlorengegangene Verbindung zur Weisheit und zum Mitgefühl der Erde läßt sich auf einer praktischen, alltäglichen Ebene wiederherstellen. Indem wir uns um Kommunikation mit unseren «Verwandten» in den feinstofflichen Ebenen der Biosphäre bemühen, begeben wir uns auf eine aufregende Entdeckungs-, Bewußtseins- und Genesungsreise.

3 Wichtige Voraussetzungen für die Kommunikation

> Die Kunst integrierten Lebens besteht in einer intelligenten Zusammenarbeit zwischen Natur und Geist. Natur ist blind ohne Geist; Geist ist lahm ohne Natur... Natur und Geist können – kraft ihres zielbewußten Miteinanders – das Leben herrlich sinnvoll machen.
>
> Haridas Chauduri

Im Sommer 1971 hatte ich die Ehre, bei der Jahrestagung der Theosophischen Gesellschaft Amerikas Geoffrey Hodson kennenzulernen, zu dessen zahlreichen Büchern auch zwei Klassiker über die devische Hierarchie gehören: *The Brotherhood of Angels and of Men* und *The Kingdom of the Gods*. Letzteres enthält nicht nur Beschreibungen verschiedener Naturgeister, die Hodson beobachtet hat, sondern auch Farbzeichnungen, die Devas so darstellen, wie er sie einem Künstler schilderte.

Der imposante, doch sehr freundliche englische Gentleman wirkte auf mich ehrfuchtgebietend und einschüchternd. Ungeachtet seiner fünfundachtzig Jahre war er voller Energie. Seine blauen Augen blickten durchdringend und beobachteten scharf. Als er mich begrüßte, hatte ich das Gefühl, er beurteile klarsichtig den Grad meiner spirituellen Entwicklung und registriere meine vielen Fehler und Fehlschläge.

Mich verlangte zwar danach, mit Devas zu kommunizieren,

wie Hodson es getan hatte, aber ich errichtete eine ganze Reihe mentaler Blockaden, die mich jahrelang von solchen Erfahrungen abhielten.

Vor allem nahm ich an, man müsse dafür spirituell hochentwickelt sein, wozu für mich gehörte, daß man frei war von charakterlichen Mängeln und inneren Konflikten und daß man die Fähigkeit hellseherischer Wahrnehmung besaß.

Mir war bewußt, welche Verheerungen die Menschen in der Natur angerichtet hatten, und ich fühlte mich schuldig, weil auch ich zu dieser Zerstörung beitrug. Meiner Überzeugung nach mußten die Naturgeister böse sein auf uns, und ich empfand Unbehagen bei dem Gedanken, Verbindung mit ihnen aufzunehmen.

Außerdem wußte ich nicht, was ich mit einem Deva oder Naturgeist anfangen sollte, wenn mir einer begegnete. Als ein eben vom College kommender, ziemlich pragmatischer junger Mann sah ich nicht recht, wie mir die Kommunikation mit Devas in den praktischen Dingen des Alltagslebens helfen sollte. Erst nach meinem Erlebnis im Botanischen Garten Montreals im Jahr 1990, als ich mit Devas zu arbeiten begann, erhielt ich klare Antworten auf meine entsprechenden Fragen.

Die Türen sind offen

Während ich über meinen plötzlichen, instinktiven Drang nachdachte, einen Baum um Hilfe zu bitten, erkannte ich als erstes, daß die Kommunikation mit Naturgeistern ein Teil unseres menschlichen Erbes ist. Und ich begriff, daß nicht die Devas kein Interesse an einer Kommunikation mit mir hatten, sondern daß vielmehr ich wegen selbsterrichteter Blockaden *sie* nicht erreichen konnte. Vieles lag an meinen «beschränkten» Ansichten über mich selbst als menschliches Wesen. Ich hatte der verbreiteten Überzeugung angehangen, von der Natur getrennt und autonom zu sein, und dazu tendiert, in der nichtanimalischen Welt eine Welt der toten Gegenstände zu sehen – keine Welt von Lebewesen, mit denen ich eng verbunden war.

Mir wurde klar, daß man keineswegs ein Hellseher wie Geoffrey Hodson sein mußte, um mit Naturgeistern in Verbindung treten zu können. Liebe zur Natur und ein gewisses Maß an Sensibilität ihr gegenüber sind zwar wichtige Voraussetzungen, aber tatsächlich behinderte ich durch meine idealistische Vorstellung, ich müsse hellsehen können, die Herstellung des wertvollen Kontakts mit Naturwesen. Indem wir lernen, die Natur zu beobachten, können wir nach und nach jene «Feineinstimmung» entwickeln, die für eine Kommunikation Mensch – Deva erforderlich ist.

Während der ganzen Menschheitsgeschichte haben Devas auf vielerlei Weise mit zahllosen Personen unterschiedlichster Herkunft und unterschiedlichstem spirituellem Entwicklungsstand kommuniziert. Vier Faktoren können zur Erleichterung dieser Kommunikation beitragen:

1. Echtes Interesse an der Arbeit mit Naturgeistern, das über bloße Ego-Befriedigung hinausgeht;
2. Respekt vor der Natur, verbunden mit Gefühlen des Staunens und der Wißbegierde;
3. Aufgeschlossenheit für energetische, psychologische, mentale und spirituelle Möglichkeiten, die eine Kommunikation mit Naturgeistern eröffnen kann;
4. Bewußtheit und Sensibilität gegenüber der Natur, um in der Lage zu sein, uns auf devische Energien «einzustimmen».

Die Kommunikation mit Naturwesen steigert *unmittelbar, aus erster Hand, die Anteilnahme* an der Natur und dient dem Ziel, die Umwelt zu schützen und die Entwicklung des Lebens zu fördern. Wenn wir unser Wissen über die Bedürfnisse der Natur vergrößern, werden wir effektivere «planetare Ordner», die den Devas bei ihrer schöpferischen Arbeit helfen können. In einer Zeit, da die Gefahren für die natürliche Umwelt größer sind als je zuvor in der Menschheitsgeschichte, sind solche gemeinschaftlichen Anstrengungen unbedingt nötig und von entscheidender Bedeutung. Den Devas ist die Notwendigkeit einer Zusammenarbeit aller Lebewesen zur Rettung unseres Planeten schmerzlich bewußt, darum sind sie jetzt offener für ein Zusammenwirken mit uns als je zuvor.

Für uns als Einzelwesen ist die Kommunikation mit Naturgeistern aus einer ganzen Reihe von Gründen lebenswichtig, doch vier Hauptpunkte zeichnen sich deutlich ab: «Verwurzelt» sein, Zugang zur Erdweisheit gewinnen, unsere Perspektiven als Menschen verändern, «Ausrichtung» erlangen.

Verwurzeltsein

In früheren Zeiten, als die Menschen viel stärker in ihre natürliche Umgebung integriert waren, erzeugte ihr enger Kontakt mit dem Land einen Zustand des «Verwurzeltseins», des Einsseins mit der Erde auf physischer, emotionaler, mentaler und spiritueller Ebene. Das führte zu einer erfreulichen Harmonie mit der Natur und einem starken Gefühl innerer Sicherheit. Laut der Überlieferung amerikanischer Ureinwohner erzeugte dieses Verwurzeltsein jene Sensibilität für die natürliche Umwelt, die es den Stammesmitgliedern ermöglichte, «behutsam zu wandeln» auf dem Rücken von Mutter Erde. Verwurzeltsein wurde auch als wichtige Voraussetzung dafür angesehen, daß man sich den «größeren Geheimnissen» und mystischen Erfahrungen zu öffnen vermochte, die als einziger Weg zum Verständnis gewisser ungreifbarer Gesetze des Universums galten. Für die amerikanischen Ureinwohner war das Land nicht nur Lieferant von Nahrung und Unterkunft, sondern auch ein Ort, an dem man Weisheit erlangen und Inspirationen erhalten konnte.

Die australischen Aborigines gehen davon aus, daß jeder Berg, jede Quelle, jedes Tier und jeder Felsen oder Stein einen eigenen belebenden Geist besitzt, der vom ererbten Bewußtsein geschaffen wird, das allen Lebewesen eigen ist. Auf die Erde ausgerichtete Initiationsriten erlauben es den Aborigines, ihre instinktive Kenntnis der Erdrhythmen und der Erdenergie zu vergrößern. Wie Robert Lawlor schreibt, verbringen die Teilnehmer während dieser heiligen Riten viele Stunden mit zeremoniellem Singen, das sie in Zustände erweiterten Bewußtseins versetzt und in ihnen eine Resonanz mit der magnetischen Schwingung der Erde erzeugt.

Das Verwurzeltsein in der Natur war auch den Druiden wichtig, was sie durch ihre jahreszeitlichen Feste betonten. Alban Altane, die Wintersonnenwende, feierte die Wiedergeburt der Sonne durch die Große Mutter, während Alban Hervin, die Sommersonnenwende, «Vater» Sonnes Leistung anerkannte, das Erreichen des höchsten Punkts der himmlischen Bereiche. Im Mittelpunkt der Feiern anläßlich der Tagundnachtgleichen in Frühling und Herbst (Alban Eiler und Alban Elved) standen das Reifwerden und die Ernte der großzügigen Geschenke der Erde. Beltane (der 1. Mai) feierte den Zauber der erblühenden Erde, wogegen Samhain (Allerheiligen) eine dankbare Anerkennung dessen bedeutete, was der Druide Ross Nichols als «den Zauber des Todes der Zeit» und als offene Türen zwischen den Welten der Lebenden und der Toten bezeichnet. Im Gegensatz zu modernen religiösen Festlichkeiten, die oft in geschlossenen Räumen stattfinden, wurden die Zeremonien der Druiden hauptsächlich in heiligen Hainen und auf Waldlichtungen abgehalten, wo die Teilnehmer die Gegenwart der Elemente hautnah erleben konnten.

Dr. Willis Harman, Leiter des Instituts für noetische Wissenschaft, spricht in seinem Beitrag für die Zeitschrift *ReVISION* von der Tradition unserer Vorfahren, mit der Natur zu kommunizieren, an ihr zu partizipieren:

Einem Menschen, der in einer mittelalterlichen Welt lebt (wie es bei vielen traditionellen Gesellschaften der Fall ist), erscheint das Leben als bruchloses Ganzes. Felsen, Bäume, Flüsse und Wolken sind wundervoll und lebendig; die Welt ist verzaubert, von Geist durchdrungen. Menschen fühlen sich in der Natur zu Hause; der Kosmos ist ein Ort der *Zugehörigkeit*... Das Universum ist lebendig und mit Sinn erfüllt; alle Geschöpfe sind Teil einer Großen Seinskette, in welcher der Mensch zwischen Engeln und niederen Tieren rangiert. Die Wirkung von Verzauberungen, das Auftreten von Wundern, die Gegenwart von... Wesen mit übernatürlichen Kräften werden – obwohl nicht gerade alltäglich – als völlig wirklich und folgerichtig akzeptiert.

Leider ist einem großen Teil der modernen Menschheit diese Verzauberung verlorengegangen. Als der Mensch zivilisierter wurde, entfernte er sich immer weiter vom Land. Er zog in größere und kleinere Städte, und auch in ländlichen Gemeinden hielten Elektrizität, Klimaanlage, Fernseher, Unkrautvernichtungsmittel, Rasenmäher, Auto und Telefon Einzug.

Indem wir uns von der Natur abschnitten, erzeugten wir bei uns einen Zustand, den körperorientierte Psychotherapeuten wie Alexander Lowen, der Begründer der Bioenergetik, als «Nichtverwurzeltsein» oder Wurzellosigkeit bezeichnen, ein Zustand, der zugleich auch die Trennung von unserem angeborenen «animalischen» Bewußtsein beinhaltet, wodurch wir jener Weisheit und inneren Sicherheit beraubt wurden, die der Mensch früher erleben konnte. Die Folgen dieses wurzellosen Zustands sind oft Unsicherheit und Angst, was wiederum – in einem Teufelskreis – zu einem gewissen Maß an Gleichgültigkeit gegenüber der Natur führt. Seit Jahren wird die Natur vorwiegend als Gegnerin betrachtet, die man fürchten und gegen die man sich wehren muß, die zu beherrschen, auszubeuten und zu mißbrauchen ist. Statt die Erde als wohlwollende, nährende Mutter zu sehen, behandeln wir sie als Ware, mit der wir nach Belieben verfahren können.

Wenn wir als Gesellschaft unsere Wurzeln verlieren, bewegt sich unsere kollektive Energie oft weg von einem herzlichen Mitgefühl hin zu kalten rationalen Berechnungen. Diese außengelenkte Lebenseinstellung kann uns (als Einzelwesen wie auch als Gemeinwesen) gefangenhalten in Zwangsmustern von Gier, Statusstreben, Gleichgültigkeit gegenüber anderen und Konkurrenzkampf, während wir Ersatz für die Sicherheit zu finden versuchen, die wir infolge unserer Wurzellosigkeit

Zypresse, Monterey, Kalifornien.

verloren haben. Gefühle des Stolzes und der Überlegenheit gegenüber anderen Lebewesen, das Verlangen, andere zu lenken und zu beherrschen, Habsucht und das Trachten nach «Scheinwerten» wie Rang und Ansehen – dies alles läßt sich auf physische und psychische Wurzellosigkeit zurückführen. Eine solche Einstellung bewirkte nicht nur die rücksichtslose Anhäufung materieller Güter auf der Jagd nach Sicherheit, sondern auch eine Mißachtung, ja sogar Verachtung der anderen Lebewesen und der Natur überhaupt. Die weitgehende Zerstörung der Wälder, saurer Regen, Luft- und Wasserverschmutzung und giftige Abfallhalden zählen zu den offensichtlichen Beweisen für die Gleichgültigkeit und Nachlässigkeit der Menschheit gegenüber der Natur.

Und jetzt, wo uns die Komplexität und das ganze Ausmaß der ökologischen Katastrophe bewußt wird, die unserem lebenden Planeten droht, versinken viele von uns sogar in noch größerer Stumpfheit, als wollten sie sich isolieren gegen den Schmerz und die Hoffnungslosigkeit, die wir empfinden.

Das ist eine verständliche Reaktion, nicht unähnlich jener eines Krebskranken, dem gesagt wird, er habe ein unheilbares Leiden. Doch als Folge dieser psychischen Stumpfheit neigen wir dazu, unsere Anteilnahme an der Welt noch stärker einzuschränken, vielleicht weil wir glauben, nicht die Macht zu haben, etwas an der Situation zu ändern. Ironischerweise treten wir durch ein solches Verhalten unsere Einflußmöglichkeiten gerade an jene Personen ab (Politiker, Industrielle und andere Entscheidungsträger), die entweder durch allgemeine politische oder dezidiert ökonomische Entscheidungen aktiv an der systematischen Zerstörung unseres Planeten beteiligt sind.

Trotz der ungeheuren Gefahren für unser Überleben besteht noch viel Grund zu Optimismus und Hoffnung. Die immense Lebenserhaltungskraft der Erde, die Selbstheilungsfähigkeiten der Natur und das noch unangezapfte große Potential des Menschen, Veränderungen zu bewirken, werden von der Mehrheit weit unterschätzt. Wenn wir engeren Kontakt zur Natur erlangen, können wir intuitiv die subtileren, unsichtbaren Kräfte wahrnehmen, die hinter jeder materiellen Existenz stehen. Gleichzeitig gewinnen wir ein tiefergehendes Verständnis unseres eigenen schöpferischen Potentials als Teilnehmer an der evolutionären Reise unserer Erde.

Weil die Naturgeister eng mit Erdenformen verbunden sind, können sie uns helfen, unsere verlorengegangene «Erdung» wiederzugewinnen. Einer der Wege zu diesem Zustand besteht schlicht darin, die *Erde* zu spüren: Lassen Sie uns die Schuhe ausziehen, auf den Erdboden treten und uns vorstellen, wir seien darin «verankert». Wir können uns auch auf den Boden setzen oder legen, mit den Füßen aufstampfen oder irgend etwas anderes tun, was uns hilft, die Erde unter uns zu spüren. (Weitere Übungen und Visualisierungen zur Verstärkung des Verwurzeltseins siehe in Teil III.)

Gleichzeitig können wir uns für die Erfahrung der realen Verbundenheit mit Mutter Erde öffnen und uns als Teil von ihr sehen statt als eine abgetrennte Entität. Viele von uns – besonders die «Stadtmenschen» – sind seit Jahren wurzellos.

Die Wiedergewinnung unserer angeborenen Fähigkeit zur Verwurzelung kann einige Zeit und wiederholte, regelmäßige Kontakte mit der Erde erfordern.

In dem Buch *Finding Your Personal Power Spots* befaßt sich José Alberto Rosa ausführlich mit dem Verwurzeltsein. Rosa, ein Psychologe und Bioenergetiker, hat zahlreiche Selbsthilfeübungen entwickelt, die es seinen Patienten und WorkshopTeilnehmern ermöglichen, ein stärkeres Gefühl physischen und energetischen Verwurzeltseins zu gewinnen, wenn sie ihre Kraftpunkte entdecken und damit arbeiten. Bei seiner Erörterung der Bedeutung des Verwurzeltseins als Grundlage jeder Selbsttransformation betont er:

Nur die Rückkehr zum Land, die Respektierung von Mutter Erde und der Friedensschluß mit ihr können den gefährlichen Teufelskreis durchbrechen, der unsere Existenz bedroht. Indem wir uns wirklich «erden», «Wurzeln schlagen», werden wir fähig (einzeln und gemeinsam), unsere Gesellschaft, die sich in einer Krise befindet, zu verändern. Wir können dann neue, natürlichere Lebensweisen schaffen, die mit den Bedürfnissen der Erde harmonieren und uns zu größerer Sicherheit und größerem Gleichgewicht verhelfen werden.

Weisheit gewinnen aus der Erdenergie

Energie durchdringt das ganze Univesum. Energien und Kräfte strömen auf unserem Planeten – kraftvoll, unaufhörlich, seit Anbeginn der Zeit. Energie durchdringt alles in der Natur und beseelt jedes Leben auf Erden. Diese Lebensenergie hat verschiedene Namen. Die alten Chinesen nannten sie *Qi*, während die jüdischen esoterischen Lehren sie als *Chai* bezeichnen. *Chiatanya* bedeutet Lebenskraft im Sanskrit. Der bekannte Biochemiker Rupert Sheldrake beschreibt sie in *Wiedergeburt der Natur*:

Energie ist in der Tat in allen Dingen vorhanden. Die Lebewesen beziehen sie aus ihrer Umwelt – die Pflanzen durch Photosynthese von der Sonne, die Tiere als chemische Energie, die sie durch Verdauung und Atmung aus ihrer Nahrung gewinnen. Sie akkumulieren sie in ihrem Körper und «betreiben» damit ihre Bewegungen, ihr Verhalten. Sterben sie, so wird die angesammelte Energie freigesetzt und sucht Wohnung in anderen Formen. Der Energiestrom, von dem Ihr Körper und Ihr Gehirn in eben diesem Augenblick abhängen, ist Teil eines kosmischen Stroms, und Ihre Energie wird weiterfließen, wenn Sie tot sind, und immer wieder neue Formen annehmen.

Diese Lebenskraft ist in der Luft, die wir atmen, in der Nahrung, die wir essen, sie erzeugt und erhält lebendes Gewebe. Vorhanden ist sie in der gesamten Natur. Das ist der Grund, warum viele von uns sich nach einem Bad im Meer, einem Spaziergang im Wald oder einem Picknick auf der Wiese neu belebt fühlen. Qi-Meister raten ihren Schülern oft, in den Wald zu gehen, um mehr Qi zu gewinnen und so Heilung, Konzentration und Selbstbestätigung zu erlangen.

Der Mensch spielt eine einmalige Rolle auf dem «Energie-Sektor». Wir lernen, unsere persönliche Energie (die sich durch unsere Gefühle, Gedanken und Taten manifestiert) zu kanalisieren und zu konzentrieren und haben außerdem die verantwortungsvolle Aufgabe, die planetare Energie zur Unterstützung der Entwicklung jeglichen Lebens zu nutzen. Weil Energie sowohl auf nutzbringende als auch auf schädliche Weise verwendet werden kann, müssen wir ihre Kraft verstehen und lernen, sie in jene sicheren Richtungen zu lenken, die Heilung, Einheit und Wachstum fördern.

Energie als solche ist eine machtvolle, aber neutrale Kraft, die entsprechend den mit ihr verbundenen Lebensformen unterschiedliche Schwingung und Beschaffenheit aufweist. Die Energie eines Wasserfalls beispielsweise fühlt sich anders an als die Energie eines Baums, genau wie sich die Energie eines alten Mammutbaums anders anfühlt als jene eines Mammutbaum-Schößlings. Wir wissen auch, daß die Energie eines jeden Menschen sich von der jedes anderen unterscheidet und daß die Energie jedes einzelnen sich mit seiner Stimmung, seinen Gedanken und seinem physischen Zustand verändern kann. Im Laufe eines Tages nehmen wir aus unserer natürlichen Umwelt ständig verschiedene Arten von Energien auf. Gleichzeitig beeinflussen die von uns ausgehenden Energien diese natürliche Umwelt.

Liebe beispielsweise ist eine Energieform, die eine bestimmte Schwingung aufweist. Wir spüren es instinktiv, wenn jemand uns herzliche Gefühle entgegenbringt, auch wenn diese Person ein gutes Stück entfernt von uns steht. Weisheit ist ebenfalls eine Energieform, die man wahrnehmen kann. Einige von uns saßen bereits einem Lehrer oder Guru gegenüber und spürten diese starke Ausstrahlung von Weisheit, selbst wenn der oder die Betreffende nichts sagte.

Verschiedene Stärkegrade erlangen Energien auch in der Natur. Viele von uns, die «planetare Kraftpunkte» besucht haben, wie etwa die Niagarafälle, den Grand Canyon, Ayers Rock oder den Mont Blanc, spürten die starke Kraftausstrahlung dieser Orte. Andererseits empfinden wir einen großen Parkplatz, eine Müllhalde oder eine vom Krieg verwüstete Landschaft oft als «tot», jeder Energie beraubt. Generell gesagt sind Devas da, wo Leben herrscht: Je größer die Energie an einem Ort, desto größer oder stärker die devische Anwesenheit dort.

Mitglieder der devischen Hierarchie sind potente Erdweisheitsquellen. Indem wir lernen, ihre Energie zu empfangen, erschließen wir uns den Zugang zu der Weisheit, die sie uns mitzuteilen haben. Diese Weisheit befähigt uns, verantwortungsvollere, fürsorglichere, weisere Mitglieder unserer Gemeinschaft zu werden. Devas sind tatsächlich in der Lage, uns auf allen Gebieten zu helfen, weil sie in direktem Kontakt mit der gesamten Weisheit stehen, die in der Erde und um sie herum existiert.

Die Menschen verfügen über ein riesiges unangezapftes

Reservoir angeborener Naturweisheit. Schamanen und Medizinmänner hält man oft für wandelnde Bibliotheken dieser Naturweisheit, weil sie als Führer und Heiler ihr Potential angezapft haben. Carlos Castanedas Don Juan und Don Genaro, der Medizinmann Black Elk vom Stamm der Oglala-Sioux, Lynn Andrews und Medicine Grizzlybear sind einige der in der westlichen Welt bekanntesten Schamanen. Die meisten Menschen erfahren das Leben gefiltert durch die Sichtweise anderer; diese weisen Heiler dagegen erfahren es unmittelbar, durch direktes Erleben der Natur. Wenn wir wirklich nach unmittelbarer Naturerfahrung streben, können auch wir unser angeborenes Potential als weise, mitfühlende Menschenwesen anzapfen.

Erweiterung unserer Perspektiven

Energetische Resonanz mit der Natur ermöglicht es uns, den «Netzcharakter» der Natur zu erkennen und zu beurteilen, wie aufgrund der engen Wechselbeziehungen, die in ihr bestehen, das Wohlbefinden eines Lebewesens vom Wohlbefinden aller anderen abhängt. Wir begreifen, daß wir Teil des planetaren Bildes sind, und wir beginnen, die Wirkung richtig einzuschätzen, die wir Menschen auf die übrige Natur ausüben.

Im *Mono Lake Guidebook* spricht der Umweltspezialist Gray Brechin von der Möglichkeit, daß an jenem kalifornischen See ein mächtiger «Lokalgeist» existiert, und er bringt seinen Respekt vor diesem Geist sowie seine Sorge um den Fortbestand des Sees zum Ausdruck:

Ob der Mono Lake ein Bewußtsein hat, wird eines seiner Geheimnisse bleiben. Doch der Mono versieht seine Freunde mit Bewußtheit, denn wir müssen alle von ihm lernen. Mono lehrt uns, die Welt neu zu sehen, Schönheiten wahrzunehmen und zu akzeptieren, deren wir uns nicht bewußt waren, und Fragen zu stellen, deren Antworten vielleicht alles andere als einfach oder tröstlich sind. In der

Einsamkeit seiner Ufer, in der Morgen- und der Abend-
dämmerung lernen wir zuzuhören, zu beobachten und
ruhig mit uns selbst zu leben. Doch vor allem lernen wir,
mit anderen Wesen zu leben, die wir nicht benutzen können,
aber deren bloße Gegenwart unser tägliches Dasein erhöht.
Mono stellt keine einfachen Fragen. Er fordert eine Untersuchung jener inneren und äußeren Welten, die das menschliche Bewußtsein bilden. Und das ist der Grund, warum er
ein Freund der besten Art ist und warum wir ihn nicht
sterben lassen dürfen.

Die Sehnsucht nach einer tieferen Verbindung mit der Erde
selbst und mit den anderen auf ihr existierenden Lebewesen
regt unsere angeborene Wißbegierde als Menschen an. Sie
schürt das Verlangen, unseren Planeten und seine vielfältigen
Lebensformen genauer kennenzulernen, ein besseres Verständnis für die Beziehung zwischen den Winden und den
Vögeln zu gewinnen, zwischen dem Regen, dem Erdboden
und den Pflanzen, zwischen den Tieren und den Bäumen –
nicht nur vom intellektuellen Standpunkt, sondern aus einer
Perspektive, die auf dem Wunsch basiert, mehr über das Leben
eines lange verloren gewesenen lieben Freundes zu erfahren.
Solche Inspirationen wecken vielleicht das Bedürfnis in uns,
bestimmte Bücher zu lesen und entsprechende Kurse zu besuchen – etwa über Biologie, Geologie und Botanik; vielleicht
wollen wir auch eigene Erfahrungen sammeln, indem wir die
materiellen Formen der Natur studieren und mit den dazuge-
hörenden feinstofflichen Wesen kommunizieren.
   In einer Phase unserer Evolution, in der die Erde durch
Umweltvernichtung ernsthaft gefährdet ist, sind die zutiefst
mit den Erdrhythmen und der Erdweisheit verbundenen Devas genau jene Wesen, bei denen wir uns Rat holen sollten, um
herauszufinden, wie wir am effektivsten zum Schutz von
Gewässern, Feldern, Wäldern und Luft beitragen können. Wir
sind zwar zahlenmäßig nur ein sehr kleiner Teil der Weltge-
meinde, aber wir haben ein technologisches Potential entwik-
kelt, das unsere quantitative Unterlegenheit mehr als wett-

macht. Dieses einzigartige Potential, das unsere planetare Heimat zerstören oder zu ihrer Rettung eingesetzt werden kann, sollte unser Gefühl persönlicher Verantwortung gegenüber der Erde und allen ihren Bewohnern intensivieren. Die Devas wissen, daß alles Leben eng miteinander verwoben ist und wechselseitiger Abhängigkeit unterliegt, daß die Ausrottung auch nur einer einzigen Tier- oder Pflanzenspezies die Unversehrtheit der übrigen Schöpfung beeinträchtigt. Eine ihrer Aufgaben besteht darin, unsere Lebensperspektiven und unsere Rolle als verantwortungsbewußte Erdenbürger zu erweitern.

Neuorientierung

Durch ein erweitertes Wahrnehmungsniveau werden wir uns nach und nach unserer selbst deutlicher bewußt und sehen auch die Welt, in der wir leben, mit anderen Augen. Diese Bewußtheit verleiht uns die Fähigkeit, unsere Energien auf geistiger, emotionaler, physischer und energetischer Ebene neu auszurichten. Diese Neuorientierung wiederum – die unser tiefstes Wesen erfaßt – steigert unsere geistige Konzentration, unsere emotionale Sensibilität und unsere physische Kraft. Eigenschaften, die wir brauchen, um aktive Erdenheiler zu werden. Die Ausrichtung auf dieses Ziel bringt eine ganze Reihe von Vorteilen für uns mit sich:

1. Ein Gefühl der Verbundenheit mit unserem natürlichen Selbst sowie mit den Bäumen, Gewässern, Winden und Tieren. Wenn wir für andere Lebensformen sorgen, als seien sie Mitglieder unserer engsten Familie, begreifen wir, daß alles, was für das *Ganze* gut ist, auch gut ist für uns.
2. Genaueres Wissen über die Gesamtbewegung des Lebens und sozusagen Verständnis aus erster Hand für die Bedürfnisse anderer Lebensformen, ein Verständnis, das über die Lehrstoffe in Büchern, Schulstunden, Kursen und religiösen Doktrinen hinausgeht.

3. Durchbrechen alter mentaler Konditionierungen, Illusionen und Projektionen, um effektiver am Schutz des Planeten mitarbeiten zu können. Gleichzeitig entdecken wir unsere ganz persönliche Aufgabe im Leben, die für die meisten von uns oft nur eine vage Wunschvorstellung bleibt.
4. Steigerung unserer Fähigkeiten durch die kontinuierliche Ausrichtung auf unser eigenes Wesen in Einklang mit der übrigen Natur. Wir werden stark und sensibel zugleich, selbstsicher und bescheiden zugleich, sowohl aktiv als auch aufnahmefähig, mutig und doch behutsam.

Das Streben nach dieser Ausrichtung und Verbundenheit ist nicht immer einfach und verläuft nicht immer mühelos. Es bedingt die Aufgabe vieler uns liebgewordener Überzeugungen, die wir mit einemmal für nicht mehr brauchbar halten. Es kann vorkommen, daß wir uns mit alten Wunden, deretwegen wir in erster Linie zu solchen Überzeugungen gelangten, auseinandersetzen müssen. Wenn wir offen sind für die Kräfte, die der Natur – und auch uns selbst – innewohnen, kann diese Suche jedoch eine aufregende Entdeckungsreise werden, die vielleicht unser ganzes Leben lang andauert.

TEIL II

Kontaktaufnahme mit den Devas

4 Die Natur als lebendes Wesen erkennen

> Die meisterlichsten Bearbeiter von Stein sind
> weder Kupfer- noch Stahlwerkzeuge, sondern die
> sanften Berührungen von Luft und Wasser,
> die nach Belieben arbeiten, mit großzügig
> bemessener Zeit.
>
> Henry David Thoreau

Sich der Bedeutung der Natur bewußt zu sein und sie zu respektieren sind die wohl wichtigsten Voraussetzungen für die Arbeit mit Naturgeistern.

Viele frühe Kulturen zeigen das auf eindrucksvolle Weise. In China zum Beispiel wurde während der Han-Dynastie, im 2. Jahrhundert v. Chr., die «terrestrische Astrologie» entwickelt. Durch geschickte Vermessung und Deutung von Landformen wie Hügeln, Felsen, Bäumen und Quellen halfen Astrologen und Geomanten den herrschenden Familien, ihre Paläste und Tempel an Orten zu errichten, wo die Bauten am besten mit dem harmonierten, was sie «kosmischen Atem» nannten. Dieser «Atem» brachte den Bewohnern Gesundheit, Wohlstand und Glück. Viele der im heutigen Asien zu bewundernden Tempel, Gärten, Paläste und Gräber wurden so plaziert und gebaut, daß sie mit den feinstofflichen Energien der Landschaft in Einklang standen.

Die moderne Kunst und Wissenschaft des *feng-shui* ging

77

aus dieser Tradition hervor. Selbst in so modernen Städten wie Hongkong, Taipeh und Singapur werden Feng-Shui-Experten um Rat gebeten, wenn es darum geht, den richtigen Platz für eine Bank, ein Restaurant oder ein Wohnhaus zu finden.

Und ein anderes Beispiel für Naturverbundenheit heute: Im Becken des Caquetá River, das zum kolumbianischen Amazonasgebiet gehört, können Jäger der Miraña-Gemeinschaften mit Hilfe ihres hochentwickelten Geruchssinns ein Tier aus gut 12 Metern Entfernung ausmachen. Gleich anderen Amazonasvölkern glauben die Miraña, die ganze Welt sei von Geistern bevölkert, und sie bitten die jeweils zuständigen stets um Erlaubnis, bevor sie jagen oder fischen gehen, ebenso wenn sie Bäume, Gemüse und Früchte pflanzen oder abernten. Wie bei den Shuara in Ecuador und den Machiguenga in Peru nutzen auch bei den Miraña die Schamanen häufig Ayahuasca (vorwiegend hergestellt aus der heiligen psychotropen Pflanze *Banisteriopsis caapi*), um auf der Suche nach Heilung und Führung in die feinstofflichen Reiche der Waldgeister vorzudringen.

Die Sprache ist oft ein Spiegelbild für die Naturverbundenheit einer Kultur. Wenige Sprachen sind in dieser Hinsicht so reich und vielfältig wie die der australischen Aborigines, deren Leben ganz auf die Natur ausgerichtet ist. Robert Lawlor führt dazu in *Am Anfang war der Traum* aus: «Aborigines-Dialekte haben Hunderte von Namen für jeden einzelnen Baumtyp, und sie haben verschiedene Namen für viele einzelne Bäume. Was Fische und Säugetiere anbelangt, so gibt es manchmal für ein und denselben Fisch oder ein und dasselbe Tier mehrere Namen – entsprechend der jeweiligen Phase seines Fortpflanzungszyklus.» Einige Aborigines-Sprachen kennen vierzig bis fünfzig Ausdrücke zur Beschreibung verschiedener Formen von Blättern und spezifische Ausdrücke für die Sonne zu jeder Stunde des Tages. Das Vokabular der Inuits (Eskimos) am Polarkreis wiederum umfaßt Dutzende verschiedener Ausdrücke für den Begriff «Schnee». Eine solche Ausrichtung auf die Natur ist typisch für viele Stammesgesellschaften, auch in

Nordamerika. Ernest Benedict, ein Stammesältester der Mohawk, sagt:

> Unser Volk sieht, daß der Natur ein hoher Stellenwert zukommt, weil die Natur ohne den Menschen existieren kann, der Mensch jedoch nicht ohne die Natur. Besäßen weiße Menschen diesen Geist der Dankbarkeit für die Gaben der Natur, wäre die Erde ein besserer Ort zum Leben, weil man das, was man schätzt und verehrt, nicht zerstört.

Nur wenige Menschen in den Industrieländern können von sich behaupten, über diese wünschenswerte Naturbewußtheit und Naturverbundenheit zu verfügen. Im Gegenteil: Viele von uns verbringen ihr Leben zum großen Teil in Wohnungen und Autos mit Klimaanlage und arbeiten oder lernen in klimatisierten Büros und Schulen. Wir stumpfen unsere Sinne oft mit mehr oder weniger denaturierten Nahrungsmitteln ab, die reich an Salz und künstlichen Aromastoffen sind, und wir essen «frische» Waren, die nach der Ernte Wochen brauchten, um bei uns auf den Markt zu gelangen, und dann nach nichts schmecken. Und wenn wir auswärts essen, sind wir den Autoabgasen und dem Stadtlärm ausgesetzt, oder wir werden von Musikberieselungsanlagen abgelenkt. Kein Wunder, daß bei uns nur wenige die Gelegenheit haben, ihre angeborenen Sinne – Hören, Riechen, Tasten, Sehen und Schmecken – zu üben und weiterzuentwickeln.

Intuitive Wahrnehmung

Wenn wir mit den *fein*stofflichen Kräften der Natur kommunizieren wollen, müssen wir unbedingt unsere fünf Sinne – Sehen, Hören, Riechen, Schmecken und Tasten – verfeinern: So wie man eine empfindliche Antenne und eine sensible elektrische Apparatur haben muß, wenn man fernsehen will. Sendet die Station mit einer bestimmten Frequenz, muß unsere Antenne auf diese Frequenz eingestellt sein – oder unser

Bildschirm wird dunkel bleiben. Genauso benötigen wir Empfindsamkeit, um mit den von den Bewohnern feinstofflicher Bereiche ausgestrahlten Energien in Resonanz treten zu können.

Fast noch wichtiger als die genannten fünf Sinne ist eine Art zusätzlicher «Sinn», den wir besitzen: die Intuition. Oft bezeichnet man die Intuition als «geistiges Auge» der Wahrnehmung, weil sie uns hilft, etwas als wahr und richtig zu erkennen, obwohl es vielleicht weder durch abgesicherte wissenschaftliche Ergebnisse noch durch anderweitige Informationen unbedingt bestätigt wird. Es ist «Wissen», das über Raum und Zeit hinausgeht und uns zu unmittelbarem, direktem Verständnis führt. In *Glamour: A World Problem* definiert Alice Bailey Intuition folgendermaßen:

> Intuition ist ein umfassendes Begreifen des Prinzips der Universalität, und wenn sie funktioniert, kommt es, zumindest für einen Augenblick, zu einem vollständigen Verschwinden des Gefühls der Getrenntheit. In ihrer höchsten Ausprägung ist sie jene Universale Liebe, die nichts mehr mit beschränkten Sentiments zu tun hat... ihrer Natur nach ist sie vornehmlich Identifikation mit allen Wesen.

Wir alle besitzen ein gewisses Maß an Intuition, doch viele von uns sind sich ihrer gar nicht bewußt, und jene, die es sind, trauen ihr oft nicht. In einer Welt, in der wir von allen Seiten mit Reizen bombardiert und mit unseren eigenen Wünschen und mentalen Projizierungen konfrontiert werden, ist die Intuition ein wichtiges Werkzeug, um die Realität zu erkennen und zu strukturieren. Werbung, politische Rhetorik, religiöse Ge- und Verbote sowie andere Formen der Konditionierung durch Eltern, die institutionalisierte Religion, Kollegen und Lehrer haben häufig zur Folge, daß wir uns gedrängt fühlen, nach innen zu horchen, um Antwort auf irgendeine Frage zu erhalten.

Eine wichtige Voraussetzung für die Entwicklung von Intuition besteht darin, sich zu *erden*, um so Kontakt zur *Erde* und damit zu unserem natürlichen, instinkthaften Selbst herzustellen. Dann lernen wir auch, mit dem Herzen zu hören, nicht nur mit dem Verstand; wir lernen, das Leben aus einer auf das Herz konzentrierten Perspektive zu sehen.

Unterscheidungsvermögen und Nüchternheit zu kultivieren ist ebenfalls wichtig für die Entwicklung von Intuition. In einer Gesellschaft, in der oft Blendwerk und äußerer Schein als Wirklichkeit, als Sein akzeptiert werden, müssen wir fähig sein, zwischen falsch und echt, zwischen der Form und der Wirklichkeit hinter der Form zu unterscheiden. Mittels leidenschaftsloser Nüchternheit gelingt es uns, ein Problem richtig einzuordnen, ohne uns von seiner angeblichen Dramatik überlisten zu lassen. Wenn wir uns fragen: «Was ist hier die Wahrheit?» und versuchen, aufgeschlossen zu sein, aber nicht zu urteilen, können wir unsere innere Weisheit kontaktieren. Durch das Bemühen, im täglichen Leben unser Unterscheidungsvermögen und unsere Nüchternheit einzusetzen, lernen wir nach und nach, eine Behauptung oder Situation in einem größeren Kontext zu sehen, frei von vorgefaßten Meinungen und erwarteten Ergebnissen. Und wir vermögen auch Taten richtig einzuschätzen.

Meditation ist ein wichtiger Schlüssel zur Entwicklung der Intuition. Viele religiöse Überlieferungen – darunter die buddhistische, hinduistische, sufistische und christliche – betonen den Wert der Meditation, deren Ziel es ist, das Denken von seinen Wünschen, Projektionen, Bewertungen und Urteilen zu befreien. Wird der Geist entspannter, kann sich die Intuition bemerkbar machen. Natürlich gibt es viele verschiedene Meditationsformen. Doch welche Methode Sie auch wählen, versuchen Sie, die Meditation als Weg zu Zentriertheit und einer tieferen Beziehung mit allen Aspekten Ihres Wesens zu benutzen. Im Laufe der Zeit werden Sie dann sensibler werden für Ihre intuitiven Kräfte und aufgeschlossener für die Kommunikation mit den devischen Bereichen.

In *The Kingdom of the Gods* stellt Geoffrey Hodson fest: «Engel... sehen Denkprozesse, Emotionen und Bestrebungen als äußere, materielle Phänomene; denn sie leben in der

Welt des Fühlens, des Denkens, der spirituellen Intuition und des spirituellen Wollens.» Weil die Mitglieder der devischen Reiche auf einer höheren Intuitionsebene funktionieren und das Leben vorwiegend in Form von Energie sehen, kommunizieren sie mittels einer höheren Lebensfrequenz. Indem wir uns unserer eigenen Intuition öffnen, sind wir besser gerüstet für den Empfang der Weisheit, Inspiration und Liebe, welche die Devas mit uns teilen möchten.

Die Natur besuchen

Der erste Schritt zur Anerkennung der Natur besteht darin, einen Ort natürlicher Schönheit aufzusuchen. Die Wahl des Ortes bleibt Ihnen überlassen. Es kann ein Blumenbeet in Ihrem Garten oder Hinterhof sein; es kann Ihr Lieblingsplatz an einem Strand, in einem Park oder einem botanischen Garten sein. Vielleicht wollen Sie einen Spaziergang in den Wald machen und eine Stelle aufsuchen, zu der Sie sich besonders hingezogen fühlen.

Auch wenn Sie diesen Ort schon viele Male besucht haben, sollten Sie nun im Rahmen Ihrer Arbeit einige Richtlinien beachten:

1. Ihr Zeitplan sollte flexibel sein. Sorgen Sie dafür, daß Sie genügend Zeit haben, so daß Sie Ihren Besuch über mehrere Stunden ausdehnen können; er sollte so lange dauern, wie Sie sich wohlfühlen. Lassen Sie nach Möglichkeit Ihre Uhr zu Hause.

2. Nähern Sie sich dem Ort, den Sie besuchen wollen, mit Freundlichkeit und ruhiger Aufnahmebereitschaft. Devas reagieren im allgemeinen nicht gut auf laute, plötzliche Geräusche. Sie fürchten sich oft vor den Menschen, denn schließlich sind sie die Hauptzerstörer ihrer Naturwelt. Gehen Sie also leise und behutsam.

3. Entspannen Sie sich, und «nisten Sie sich ein». Machen Sie sich in aller Ruhe die ungeheure Vielfalt der Lebewesen um

Sie herum bewußt: der großen und kleinen Pflanzen, der fliegenden und kriechenden Insekten, der Vögel und Säugetiere, der Felsen und Steine, der Wellen und der anderen Naturformen.

4. Versuchen Sie, möglichst viele Sinne einzusetzen. Riechen Sie an der Blume. Berühren Sie den Baum. Lauschen Sie den Insekten, den Vögeln und dem Wind. Lassen Sie das Wasser durch Ihre Finger rinnen. Nehmen Sie sich die Zeit, das Leben um Sie herum gründlich zu beobachten. Konzentrieren Sie sich auf das, was Ihre Aufmerksamkeit erregt, und lassen Sie sich bei Ihrer Beobachtung von Ihrer angeborenen Wißbegierde leiten. Wenn Sie einen Baum betrachten, dann mustern Sie ihn sorgfältig – von den Wurzeln bis zu den äußersten Blättern. Beobachten Sie, wie er sich im Wind bewegt. Beachten Sie das Rascheln des Laubs und die Struktur der Rinde, die Form der Äste und der Blätter. Vergessen Sie nicht, daß zum Einsatz Ihres Gesichtssinns kein Denken, Bewerten oder Analysieren gehören. Er erfordert nichts als einfache, visuelle Beobachtung. Schließen Sie dann die Augen, und benutzen Sie Ihre anderen Sinne, um mehr zu erfahren. Horchen Sie auf das Rascheln der Blätter. Berühren Sie den Stamm und die Äste, und spüren Sie die Struktur der Borke. Drücken Sie die Nase an den Baum, und riechen Sie die Borke. Lehnen Sie sich gegen den Baum, und spüren Sie seine energetische Gegenwart.

Eine interessante Variante wäre ein «blinder Spaziergang», den Sie am besten mit einer Person Ihres Vertrauens machen. Bei einem solchen Spaziergang werden Ihnen die Augen verbunden. Drehen Sie sich, bevor Sie losgehen, mehrmals um Ihre eigene Achse, damit Sie Ihr Richtungsgefühl verlieren. Lassen Sie sich dann von Ihrer Begleiterin oder Ihrem Begleiter zu einer Naturform (einem Baum, Strauch, Felsen oder auch einer Quelle) führen. Dort können Sie diese Form nun durch Berühren, Hören und Riechen kennenlernen.

Lion-Wasserfall bei Pucón, Chile.

Bei einer weiteren Variante gehen Sie einfach an einen Ort Ihrer Wahl (wie einem Stück Rasen zwischen höheren Pflanzen, einer Lichtung an einem Fluß oder im Wald). Legen Sie sich bequem auf den Rücken, und schauen Sie zum Himmel hinauf. Machen Sie ein paar tiefe, entspannende Atemzüge, und versuchen Sie dabei das Gefühl zu bekommen, daß Sie mit dem, worauf Sie liegen, eins werden bzw. zu dem werden. Horchen Sie auf die Geräusche rundum. Vielleicht wollen Sie auch die Augen schließen und andere Sinne benutzen, um mit Ihrer Umgebung zu kommunizieren. Einige dieser Aktivitäten bilden die Basis für die in den Kapiteln 8 und 9 beschriebene Anrufung oder Invokation der Devas und die Kommunikation mit ihnen.

Die Rolle der Schönheit

Während der ganzen Menschheitsgeschichte war Schönheit eine wesentliche Komponente spirituellen Verständnisses. Bei den Navaho beispielsweise wird Schönheit seit jeher als Höhepunkt des feinstofflichen intelligenten Lebens im Universum betrachtet. Naturerscheinungen wie Berge, Cañons, Flüsse, Seen und Felsformationen gelten als Wohnstatt mächtiger Geistwesen. Viele der heiligsten Stätten der Navaho zählen zu den größten Naturschönheiten Nordamerikas, darunter der Spider Rock im Canyon de Chelly im Norden New Mexicos, den man für das irdische Heim der Spinnengroßmutter hält, die den Regenbogen webt.

Ein waches Auge für Naturschönheiten versetzt uns in die Lage, die Natur voll und ganz anzuerkennen und zu schätzen. Schönheit läßt uns nicht nur das magische Strahlen der Form selbst sehen, sondern öffnet uns für die Weisheit und Liebe, die diese Naturform erschufen. Die Begegnung mit der Schönheit einer Blume, eines Baums oder Berges bringt oft in uns selbst die schönsten menschlichen Eigenschaften wie Staunen, Freude und Liebe zum Vorschein.

Wasserfälle haben die spezielle Fähigkeit, uns die Schönheit in all ihren Dimensionen erkennen zu lassen. Ich lernte durch einen Deva, der mit den mächtigen Dingman's Falls in Ostpennsylvania verbunden war, wie die Wirkung der physischen Schönheit und der spirituellen Gegenwart von Devas uns helfen kann, alte mentale und emotionale Muster aufzulösen und die Zeitlosigkeit des «jetzigen Augenblicks» zu erfahren. Die Betrachtung eines Wasserfalls, voller Aufmerksamkeit für das niederstürzende Wasser als Ganzes und die unzähligen kleinen Details (wie die am Fuß der Kaskade spielenden Libellen), kann uns öffnen für die sich wandelnden Aspekte seiner Schönheit, so daß wir die Natur und das Leben sowohl aus einer tieferen als auch einer weiteren Perspektive zu sehen vermögen.

In *Und der Traum wird Welt*, einem Buch von John Perkins über seine Erfahrungen bei dem ecuadorianischen Waldindianervolk der Shuar, beschreibt der Autor auf bewegende Weise die transformative Schönheit eines Wasserfalls:

> Der heilige Wasserfall der Shuar ist atemberaubend und wunderschön, aber wenn man vor ihm steht und den Regenbogen anschaut, der in den herabstürzenden Wassermassen sichtbar wird, überkommt einen ein Gefühl, das über die bloße landschaftliche Schönheit weit hinausgeht. Man kann sich dem Zauber dieses Ortes nicht entziehen, gleich welcher Religion man sich zugehörig fühlt. Die Euphorie, die man fühlt, wenn man dieses Naturschauspiel betrachtet, läßt sich nicht beschreiben, denn es ist so gewaltig, daß es alle Zeiten zu überbrücken scheint und zu uns aus einer uralten Vergangenheit ebenso spricht wie aus einer unbekannten Zukunft.

Die Schönheit von Naturformen übt oft eine starke Wirkung auf die Arbeit von Malern und Bildhauern aus. Wenn beispielsweise eine Künstlerin einen See malt, nachdem sie sich seiner äußeren und inneren Schönheit geöffnet hat, bekommt das Gemälde größere Tiefe, eine komplexere Dimension. Mit anderen Worten, die Künstlerin schafft ein Werk auf verschiedenen Ebenen ihres Seins, statt nur auf handwerkliches Können oder intellektuelles Proportionsgefühl beschränkt zu sein.

Mit Blumen arbeiten

Die Erforschung der Blumenwelt ist eine der einfachsten und erfreulichsten Arten, den Kontakt mit der Natur zu vertiefen und ihr größere Wertschätzung entgegenzubringen. Blumen spielen zwar seit Jahrtausenden eine bedeutende Rolle in spirituellen Praktiken, aber sie werden oft unterschätzt in ihren Möglichkeiten, die spirituelle Entfaltung zu erleichtern. Dabei können sie für uns eine wichtige, sehr effektive Rolle als «Eingangstor» in die Welt der Naturgeister spielen. Die bewußte Verwendung von Bach-Blüten und anderen Blumenessenzen versetzten uns angeblich in die Lage, die feinstofflichen emotionalen und mentalen Aspekte unseres Wesens auf das devische Bewußtsein auszurichten, das die Entwicklung der Blumen steuert. Durch Einnahme der Blütenessenz haben wir teil an der Energie der Devas.

Warum Blumen? Weil sie eines der Meisterwerke der Natur sind und auf vielen Ebenen einiges zu bieten haben:

1. Blumen sind der höchste Ausdruck von Schönheit. Oft ist die Blume oder Blüte der «Brennpunkt» einer Pflanze oder eines Baums und dient dazu, mit ihrer Pracht, ihrer Farbe und ihrem Duft andere Lebewesen anzulocken. Sie ist lebenswichtig für die Reproduktion der Pflanze. Bei manchen Pflanzen, wie bestimmten Bambusarten, ist die Blüte das Endziel der individuellen Entwicklung; wenn die Blüte welkt, stirbt die Pflanze. Blumen bieten durch ihre unzähligen Farben und Formen einen wunderschönen Anblick, sie weisen eine schier endlose Vielfalt an Gestalt und Größe auf, von ihnen gehen Hunderte verschiedener Düfte aus, zarte ebenso wie überwältigende.
2. Blumen sind in keiner Weise bedrohlich, sondern freund-

Klettertrompete, Brooklyn, New York.

lich. Jeder – ungeachtet seines Alters und Herkommens – fühlt sich zumindest zu einigen Blumenarten hingezogen.

3. Blumen stellen eine Verbindung von Zartheit und Kraft dar; einige von ihnen überleben und gedeihen sogar unter schwierigsten Bedingungen. Außerdem können sie uns Vorbild sein bei unseren Versuchen, die maskulinen und die femininen Aspekte unseres Naturells ins Gleichgewicht zu bringen; die Ausgewogenheit beider Aspekte ist ein wesentlicher Baustein bei der Schaffung der Grundlage für eine Zusammenarbeit zwischen Mensch und Deva.

4. Verschiedene Blumen sprechen verschiedene Geschmacks-richtungen oder Vorlieben an. Manche Menschen knüpfen am leichtesten Beziehungen zu einer Gruppe von einfachen Margeriten, die auf einem unbebauten Grundstück wach-sen, während andere sich von einer eleganten Clematis inspiriert fühlen, die sich an einem Gartenspalier empor-rankt.

5. Weil Blumen in der Mutter Erde wurzeln, bieten die mit ihnen verbundenen Naturgeister sowohl Verwurzeltheit als auch Erdweisheit. Da es Blumen überall gibt, sind sie leicht zugänglich, ob man nun in einer Großstadt oder auf dem Land lebt.

Eine der ansprechendsten Eigenschaften der Blumen ist ihre Fähigkeit, sich auszudrücken. Schon durch ihr Wesen als solches können sie uns viel lehren, und zwar über so wichtige Eigenschaften wie Sanftheit, Stärke, Leidenschaft, Lebenslust, Anpassungsvermögen, Ausdruckskraft, Anmut, Mut, Zer-brechlichkeit und uneingeschränktes Geben.

Zu Beginn meiner Arbeit mit Naturgeistern besuchte ich Blumen im ganzen New Yorker Stadtbezirk Brooklyn, auf-nahmebereit für alles, was sie mit mir teilen wollten. Eine meiner Entdeckungen war, daß Blumen oft die Bedürfnisse der in ihrer unmittelbaren Nähe lebenden Menschen wider-spiegeln. Blumen beispielsweise, die nahe einer Schulwand gepflanzt wurden, beeinflussen die Schüler, die auf dem Weg zum Unterricht an ihnen vorbeigehen, während eine nahe

Die Margerite: «Wir sind leicht zugängliche Blumen. Wir sprechen den einfachen, redlichen Geschmack an... In gewisser Weise stehen wir am Eingangstor zur Welt des spirituellen Lichts. Wir sitzen nicht beim Thron Gottes, sondern außerhalb der Tore, wo du anfängst, die Gaben der spirituellen Welt zu erleben. Wir geben dir das Gefühl, willkommen zu sein, wir geben dir das Gefühl, froh zu sein, daß du hier bist – egal, wie unwürdig du dich fühlst oder wie schäbig oder qualvoll dein Leben auch sein mag. Indem wir in dein Bewußtsein treten, sagen wir dir, daß du würdig und willkommen bist. Und wir bieten eine einfache, fürsorgliche, direkte Botschaft an: die Botschaft der Liebe, der Hoffnung und vor allem der Akzeptanz.»

einem Baum wachsende Blume oft eine Lehrrolle spielt, die irgendwie jener des Baums entspricht. Einmal besuchte ich eine Gruppe Ackerwinden; sie umrankten einen Hydranten auf einem verlassenen Grundstück von Red Hook, der wohl verkommensten, deprimierendsten Gegend Brooklyns. Das unbebaute Grundstück war, was ich damals nicht wußte, nach Einbruch der Dunkelheit ein Sammelplatz für Drogensüchtige und Prostituierte.

Die Botschaft, die ich von dem Ackerwindengeist empfing, bewegte mich zutiefst. Sie kündete davon, wie Blumen uns Hoffnung geben, um uns zu helfen, unsere persönlichen Schwierigkeiten zu überwinden. Mittels einer wirkkräftigen Kombination aus Schönheit, Farbe, Duft und spiritueller Energie «durchbrechen» Blumen unseren psychischen Panzer und treten mit unserem höheren Naturell in Kontakt, dem Sitz von Inspiration und Weisheit. Ihre Energie erreicht und ent-facht den winzigen Funken Hoffnung, der in jedem von uns glimmt, und dies führt selbst bei den mutlosesten und depri-miertesten Menschen zu einer Veränderung. Der Ackerwin-dengeist forderte mich freundlich auf, Blumen in Gärten und Parks, auf Wiesen, an Straßenrändern und auch auf verlasse-nen Grundstücken zu besuchen, um meine geistige Transfor-mation und mein spirituelles Erwachen zu fördern.

Welche Blumen eignen sich am besten für einen Besuch? Das hängt weitgehend von persönlichen Vorlieben ab und von der augenblicklichen inneren Verfassung des Betreffenden vor einem solchen Besuch. Zwar können alle Blumen, die mit der Mutter Erde verbunden sind, Erdweisheit vermitteln, aber ich habe festgestellt, daß die wildwachsenden Blumen die interes-santesten sind, die Blumen also, die auf Wiesen und in Wäl-dern, am Straßenrand und auf unbebauten Grundstücken gedeihen. Natürlich können auch die rundumversorgten Blu-men in Ziergärten oder an vergleichbaren Orten inspirierende spirituelle Botschaften aussenden. Blumen jedoch, die sich selbst überlassen sind, liefern mit größerer Wahrscheinlichkeit grundlegende, unmittelbare «straßenkluge» Informationen zu Themen wie Überleben, Beziehungen, Würde oder ökologisches Bewußtsein – eben Informationen von größerem praktischem Wert. Einen der schönsten spirituellen Einblicke gewährte mir ein Deva, der einer Margeritengruppe am Rand einer Stadtstraße zugeordnet war. Er sprach von seiner Rolle als Eingangstor zum Reich des Geistes, das allen Wesen zugänglich sei.

Wenn Sie mit Blumendevas arbeiten wollen, sollten Sie Blumen besuchen, zu denen Sie sich intuitiv hingezogen fühlen. Sofern Sie ihnen gegenüber aufgeschlossen und sensibel sind, werden die Blumen Sie stumm «anrufen» und Ihre Aufmerksamkeit auf sich lenken.

Die beste Einstellung bei der Annäherung an Blumen ist Freundlichkeit, ähnlich jener, mit der Sie sich einem Welpen oder einem Kätzchen nähern würden. Vielleicht wollen Sie mit den Blumen reden, aber das ist nicht immer notwendig; sie reagieren mehr auf unsere Energien als auf das, was wir ihnen sagen. Beobachten Sie die Blume offenen Herzens, würdigen Sie ihre Schönheit, Anmut und ruhige Kraft. Seien Sie aufnahmebereit und sensibel, denn Sie kommunizieren mit einem lebenden Kunstwerk!

Wissen sammeln

Direkter Kontakt mit Seen, Flüssen, Bäumen, Felsen und Blumen ist wichtig für das Kennenlernen der Natur, doch entsprechende Bücher, Kurse, Workshops und audiovisuelle Programme können eine wertvolle Ergänzung der unmittelbaren Erfahrung sein. Viele von uns haben die Werke des bahnbrechenden Naturkenners und Umweltspezialisten John Muir über sein Leben in der Wildnis gelesen. Muir, der häufig monatelang allein dort lebte, wird von vielen vor allem als Mystiker und Visionär geschätzt. Doch er war auch ein Wissenschaftler, der ein ganzes Arsenal an Meßinstrumenten und Bücher über Geologie, Biologie und Glaziologie mitnahm, wenn er zu einem seiner Streifzüge aufbrach. Die Ausgewogenheit zwischen intellektuellem Wissen, das er aus

Büchern und durch eigene Forschungsergebnisse gewann, und den aus erster Hand, durch unmittelbaren Kontakt mit der Natur erworbenen Kenntnissen verhalf Muir zu einer Wissenstiefe und -breite, die zu seiner Zeit einmalig waren.

Leider konzentriert sich die traditionelle Wissenschaft nach wie vor auf Forschungen im Geiste Descartes'. Sein mechanistisches Weltbild der «geschlossenen Systeme» geht davon aus, daß die Natur aus der Summe ihrer einzelnen Teile besteht und daß diese Teile mehr oder weniger unabhängig voneinander funktionieren. Ein Element der Umwelt hat keine Beziehung zu anderen, und Materie (d. h. alles, was gemessen und berechnet werden kann) wird als einzige Realität betrachtet. Bis vor kurzem wurde diese Vorstellung als das richtungweisende Modell wissenschaftlicher Arbeit akzeptiert.

Neuere Entdeckungen in der Biologie und der Quantenphysik jedoch zeigen, daß die Natur im wesentlichen ein *offenes System* ist: eines der gegenseitigen Abhängigkeiten, der Wechselbeziehungen und der Kooperation, des Chaos und der Veränderung. Dieses Modell lehrt, daß die Welt mehr ist als die Summe ihrer Teile und daß es eine ungreifbare Kraft oder Lebensenergie gibt, die uns mit allem anderen Leben auf diesem Planeten und im Universum verbindet. Darstellen sollte man das Universum laut dem Physiker Fritjof Capra tatsächlich «als ein einziges unteilbares, dynamisches Ganzes, dessen Teile essentiell miteinander verbunden sind». Die «Neue Biologie» zum Beispiel legt den Hauptakzent auf Beziehungen statt auf isolierte Entitäten – «sie spricht das komplexe Netz dynamischer Beziehungen zwischen äußerlich verschiedenen Lebensformen an».

Statt die Geheimnisse von Biologie, Chemie, Geologie oder Botanik als je in sich geschlossenes System zu untersuchen, können wir jetzt unser Augenmerk auf das Verstehen der Wechselbeziehungen unseres Interessengegenstands richten. Durch die Erweiterung unserer Perspektive erhalten wir eine klarere Vorstellung vom Gesamtbild. Sollten wir beispielsweise das Problem von Flußüberschwemmungen untersuchen, könnten wir uns ausschließlich auf den Ursprung und die Dynamik des Flusses selbst konzentrieren. Dies würde gewiß wertvolle Ergebnisse zeitigen, aber wir sollten auch den Zustand des Bodens in seiner Umgebung untersuchen, ebenso die Auswirkungen von Abholzung, Landwirtschaft, Straßenbau und Verstädterung auf den Fluß bzw. seine Unfähigkeit, in seinem Bett zu bleiben. Wir müßten auch die Verbindung zwischen den Überschwemmungen und eventuellen Klimaveränderungen sehen, die als Folge anderer Formen von Umweltstreß entstanden sind. Würden wir diese Verbindung herstellen, wären wir besser gerüstet, intelligente, langfristige Strategien zu entwickeln, die allen Lebensformen in der Bioregion nützen würden.

Wir dürfen uns jedoch nicht ausschließlich auf die wissenschaftliche Unterstützung beschränken. Indem wir herausfinden, welchen Bezug die Menschen zu unserem Thema oder Untersuchungsgegenstand haben, erlangen wir ein tieferes, persönlicheres Verständnis. Stellen wir uns beispielsweise vor, wir lebten in Nordkalifornien und würden gern mehr über Eichen erfahren. Der Erwerb von Wissen über ihre Standorte, Wachstumsmuster und Fortpflanzungsmöglichkeiten ist wichtig und interessant. Aber wie steht es mit den Beziehungen der Menschen zu Eichen? Für viele Stämme in Nordkalifornien waren Eicheln eines der Hauptnahrungsmittel. Sie wurden zu Mehl gemahlen und für die Zubereitung einer Vielzahl von Speisen verwendet. Die Stämme der Shasta-, Yurok-, Mewok-, Yuma-, Paiute- und Chumash-Indianer zählen zu jenen, deren Existenz von der Eichelernte abhing, und viele tauschten Eicheln bei anderen Stämmen gegen verschiedene Arten von Nüssen, Samen, Häuten und sonstige Waren ein. Es heißt, die kalifornischen Indianer hätten die Eichen so tief verehrt, daß Männer und Frauen oft Namen wie «Süße Eichel» oder «Gestreifte Eichel» annahmen. Bei den Ohlone- und den Maidu-Indianern bezog sich der Kalender auf die Eichelernte; im Maidu-Kalender heißt beispielsweise unser Monat April Winuti («schwarze Eichenquaste») und der September Matmeni («Eichelbrot»).

Wenn wir bei der Begegnung mit anderen Wesen in der

Natur von offenen Systemen ausgehen, vertiefen wir unser Naturverständnis und unsere Beziehung zur Natur. Dies wiederum hat zur Folge, daß wir die Natur als lebendes Wesen anerkennen und sensibler werden gegenüber ihren Bedürfnissen.

5 Die Entwicklung
energetischer Resonanz

> Um aus den Werkstätten der Natur
> hervorzugehen, muß ein Ding der liebevollen
> Fürsorge und der sorgfältigsten Kunst der Natur
> wert sein. Sollte es nicht wenigstens unseren
> Respekt verdienen?
>
> Mikhail Naimy

Respektvolles Verhalten ist ganz wesentlich für die Herstellung eines segensreichen Kontakts zu den feinstofflichen Kräften der Natur. Einerseits erzeugt Respekt bei den Naturgeistern Vertrauen, Zuneigung und die Bereitschaft zum Teilen. Andererseits fördert er bei uns die Aufgeschlossenheit für das, was die Natur mit uns zu teilen hat, sei es nun Heilung, Inspiration oder Weisheit.

Bücher wie *Deep Ecology* von Bill Devall und George Session oder *Thinking Like a Mountain* von John Seed widersprechen der Auffassung, der Mensch sei das Maß aller Dinge. Ihnen zufolge sind wir lediglich *ein* Teil der großen Erdenfamilie, und unsere Arroganz und mangelnde Achtung gegenüber der Natur gefährdet nicht nur uns selbst, sondern alles Leben. Die Tiefenökologie macht klar, daß bei uns selbst und in unserer Beziehung zur Erde ein totaler Bewußtseinswandel erforderlich ist, damit die lebenserhaltenden Systeme unseres Planeten geschützt werden.

Eines der Hauptgesetze der Tiefenökologie besagt, daß jedes Lebewesen hinieden seinen Daseinsgrund, eine Aufgabe und eine besondere Funktion im Gesamtschema der Dinge hat. Die Tiefenökologie lehrt, daß die Erde *ein einziger Körper* und jedes Lebewesen ein Teil dieses Ganzen ist. Wenn dieser «Körper» überleben soll, müssen wir lernen, ihn zu achten, und danach streben, *alle* Lebensformen zu achten, mit denen wir unser planetares Zuhause teilen.

Stammesgemeinschaften wie die Navaho, die australischen Aborigines und die Shuar wissen seit jeher, daß allein schon ihr nacktes Überleben von der Großzügigkeit der Erde abhängt. Der Fluß, der ihnen frisches Trinkwasser und Fisch als Nahrung liefert, die Bäume, die ihnen Schutz, Schatten, Früchte, Baumholz und Medizin bieten, der Himmel, der Regen bringt, und der Boden, der ihre Feldfrüchte reifen läßt, werden hochgeschätzt – an jedem neuen Tag. Privatbesitz ist im allgemeinen unbekannt in Gesellschaften, die der Natur auf diese Weise begegnen, denn wie kann man etwas besitzen, von dem man ein Teil ist?

Dieses Gefühl der Anerkennung erzeugt Respekt, der wiederum das Fundament für jede Interaktion der Gemeinschaft mit ihrer Umgebung ist. Die Mitglieder der Laguna-Pueblo-Indianer im heutigen New Mexico beispielsweise haben komplizierte Zeremonien entwickelt, um der Mutter Erde Respekt zu bezeugen, bevor sie auf die Jagd gehen. An den Großen Geist werden Gebete gerichtet, bevor die Jäger aufbrechen, und ebenso bei der Ankunft in den Jagdgründen. Tribut wird auch dem Wild entrichtet, das ihnen Nahrung und Kleidung liefert. Ein Stammesältester der Laguna Pueblos beschrieb, wie das Häuten eines frisch erlegten Tiers durch den Jäger und seine Gefährten vor sich geht:

> Wenn er das Messer ansetzt, bitten alle den Schöpfer um Verzeihung für das Verletzen dieses Kadavers – für das Hineinschneiden in Haut und Fleisch des Wilds. Und wenn er das Herz herausschneidet, bitten sie den Schöpfer um Wildreichtum in der Zukunft... Sobald das Tier gesäubert

ist, wird auf der Ostseite eines immergrünen Baums oder einer Zeder, oder von irgend etwas Grünem in der Nähe ein kleines Bett hergerichtet, und alles aus dem Inneren des Tiers wird auf dieses weiche Bett gelegt. Wieder werden Gebete gesprochen, und Zaubersteine werden ausgelegt. Und jedes Tier, für das als Folge des Jagdglücks der Tisch bereitet ist, ist eingeladen, sein Mahl zu genießen.

Respekt gegenüber der Natur ist auch im täglichen Leben der Machiguenga in Südostperu eine Selbstverständlichkeit. Wie bei anderen Völkern des Amazonasgebiets läßt sich auch für die Machiguenga die physische und die spirituelle Welt unmöglich trennen; sie glauben, daß jeder Fluß, jeder See, jede Pflanze und jedes Tier ein Geistwesen ist. Wenn sie Maniok pflanzen, eines ihrer Hauptnahrungsmittel, beten sie zu den Maniokgeistern, damit die Pflanzen kräftig und gesund werden. Und wenn sie Monate später den Maniok ernten, bitten sie den Geist, die Pflanze freizugeben. Besucher ihrer Gemeinschaft im Manu-Nationalpark sind immer wieder beeindruckt, wie sie mit ihren klugen Anbaumethoden, zu denen Fruchtwechsel und Artenvielfalt gehören, den Regenwald innerhalb von zwanzig Jahren zu verjüngen vermögen. Ihr Respekt vor der Natur und ihre Arbeit mit den Naturgeistern hat dazu beigetragen, daß die Machiguenga als Kultur jahrtausendelang überleben konnten.

Leider spielen in den Industriegesellschaften der Respekt vor der Natur und die Dankbarkeit ihr gegenüber kaum eine Rolle. Bäume, wilde Tiere, Seen und Flüsse werden meist nur als «natürliche Ressourcen» betrachtet, die es zu beherrschen, zu kontrollieren und um des finanziellen Gewinns willen auszubeuten gilt. Die Plünderung von Ölvorkommen und Bodenschätzen wie etwa Edelmetallen, das Aufstellen von Fallen für Füchse und Hermeline wegen ihrer Felle, das Abholzen der Wälder und die immer weiter zunehmende Verschmutzung von Wasser und Luft durch Auto- und Industrieabgase zeugen von einem tiefen Mangel an Respekt vor der Erde.

In *The Earthsteward's Handbook* zitieren Danaan Parry und Lila Forest die besorgten Worte einer alten Wintu, die zwischen der Einstellung des roten und des weißen Mannes zur Erde folgenden Unterschied sieht:

Der Weiße Mann hat sich nie um die Erde, den Hirsch oder den Bär Sorge gemacht. Wenn ein Indianer ein Tier tötet, so ißt er es auf, ohne Reste davon übrigzulassen, und wenn er in der Erde nach Wurzeln gräbt, so macht er nur ein kleines Loch. Wenn er sein Haus baut, so macht er nur eine kleine Grube, und wenn er das Gras verbrennt, um Heuschrecken zu finden, so beschädigt er nichts. Er schüttelt den Baum um der Eicheln oder Nüsse willen, aber er fällt ihn nicht. Er nimmt nur trockenes Holz. Der Weiße Mann pflügt die Erde um, entwurzelt Bäume und tötet alles. Der Baum sagt: «Nein, ich bin wehrlos, füge mir kein Leid zu!» Der Weiße Mann aber fällt und zerschneidet ihn. Der Geist der Erde wird ihn dafür hassen, denn er zerstört und zersägt die Bäume und bereitet ihnen Schmerzen. Der Indianer verletzt nie etwas, doch der Weiße Mann zerstört alles. Er sprengt den Fels und zerstreut ihn auf dem Boden. Der Fels spricht: «Nein, du tust mir weh!» Der Weiße Mann aber schenkt ihm keine Beachtung. Wenn der Indianer Steine verwendet, so nimmt er nur kleine runde Exemplare, um damit seine Nahrungsmittel zuzubereiten. Wie könnte der Geist der Erde den Weißen Mann lieben? Alles, was der Weiße Mann berührt, wird unglücklich.

Die Wurzeln des Respekts

Was ist Respekt? Der Begriff stammt vom Lateinischen *respectus*, was soviel bedeutet wie «zurückschauen auf» und «anschauen». Respekt zu haben vor jemandem heißt, daß einem der andere sowie dessen Überzeugungen und Gefühle wichtig sind. Diese Haltung spiegelt sich dann in unserem Verhalten dem anderen gegenüber wider. Respekt beinhaltet auch das

Verstehen der Bedürfnisse anderer (gleichgültig, ob der «andere» eine Person, ein Baum, ein Tier oder ein Fluß ist), so daß diese sich entsprechend dem ihnen innewohnenden Potential möglichst frei entfalten können. Hierzu kann gehören, daß man einem Kind erlaubt, den von ihm gewünschten Beruf zu ergreifen, einem Baum gestattet, seine natürliche Lebenszeit voll auszuschöpfen, einem Delphin ermöglicht, sein Leben im Meer zu verbringen, statt ihn in einem Aquarium gefangenzuhalten, oder einen Fluß in seinem natürlichen Bett läßt, statt ihn auf welche Weise auch immer umzulenken. Hierzu kann auch gehören, daß man Blumen auf der Wiese stehen läßt, statt sie zu pflücken, und Früchte erst erntet, wenn sie reif sind.

Kaum jemand wird bestreiten, daß der Mangel an Respekt leider weit verbreitet ist. Menschen verschiedener Herkunft und Religion versagen einander den gebührenden Respekt. Männer mißachten Frauen, traditionelle Heiler werden vom organisierten medizinischen Establishment wenig geschätzt. Viele ältere Menschen werden von der jüngeren Generation lieblos behandelt, und Millionen von Haustieren landen jedes Jahr in Tierheimen und werden «eingeschläfert».

Obwohl also ein wenig verbreitetes Gut, ist Respekt essentiell für die Schaffung und Aufrechterhaltung einer intakten Gemeinschaft, die die Bedürfnisse aller Lebewesen berücksichtigt. Respekt steht im Zentrum der Beziehung des Menschen zur Natur und zum Großen Geist. Respekt bildet die Grundlage von Disziplin und Autorität; er ist eine Grundvoraussetzung für jede Art von Lernen und für Freude am Leben.

Kinder lernen Respekt hauptsächlich durch das Beispiel der Eltern, Lehrer und älteren Geschwister. Respekt im wahrsten Sinn des Wortes umfaßt nicht nur die Achtung anderer Menschen und ihrer Bedürfnisse, Gefühle und Rechte, sondern auch die Achtung unserer eigenen Person: unseres physischen Körpers durch richtige Ernährung und genügend Bewegung sowie unserer psychischen Bedürfnisse, unserer Gefühle und unseres spirituellen Wesens. Selbstachtung beinhaltet auch die Respektierung der Energie, die unseren Körper belebt, sowie die Achtung der Naturkräfte, die uns – ebenso wie auch andere Lebewesen – erschaffen und erhalten haben.

Von den amerikanischen Ureinwohnern und anderen Stammesvölkern können wir viel lernen über respektvolles Leben auf Mutter Erde. Lehren können uns diese Völker vor allem, wie man eine stärker vom Instinkt geprägte Beziehung zu anderen Lebensformen aufbauen kann. Dabei kommt es nicht zuletzt darauf an, *wie* man in der Nähe der Natur lebt, *wie* man sie studiert. Wenn nur das Hirn und nicht das Herz auf die Botschaft der Natur hört, werden ihre tiefsten Lehren nicht vernommen.

Die Beschäftigung mit den erdverbundenen Religionen und kulturellen Traditionen kann uns den Weg zu einer richtigen Naturbegegnung weisen. Bücher, Videos und CDs erlauben uns heute, andere Kulturen zu «erleben», zum Beispiel über die traditionellen Praktiken des Shintoismus zu lesen oder einen Film über die Regenwald-Kultur der Machiguenga anzuschauen.

Heute ist es auch viel leichter als früher, in ferne Gebiete zu reisen. Allerdings müssen wir dabei stets darauf achten, den kulturellen Traditionen der Menschen, die wir besuchen, mit großer Sensibilität zu begegnen. Vor einigen Jahren reiste ich zu einer isoliert lebenden Gemeinschaft der Cuna auf einer Insel vor der Küste Panamas, um Recherchen für ein Buch über heilige Bäume durchzuführen. Ich hatte nichts als den Namen eines Cuna auf der Insel, der in Panama City Anthropologie studiert hatte. In einem Einbaum erreichte ich vor Sonnenaufgang die Insel, und weil ich meine Kontaktperson nicht wecken wollte, wanderte ich allein durch die Gegend. Da ich der einzige Nicht-Cuna auf der Insel war, erregte ich ziemliches Aufsehen. Ich fragte Menschen, die Spanisch sprachen, nach heiligen Bäumen und Baumgeistern, doch niemand schien etwas darüber zu wissen.

Als ich schließlich meinen Kontaktmann traf, erkundigte ich mich auch bei ihm nach den Bäumen. Er wurde sichtlich verlegen und erklärte mir, die einzige Person, mit der man über solche Angelegenheiten sprechen könne, sei der Häuptling, zu dem man über einen *nele* oder Cuna-Schamanen Zugang erhalte. Meine Fragen an andere Stammesmitglieder (einschließlich ihn selbst) über heilige Angelegenheiten, bevor ich mit dem Häuptling gesprochen hatte, stellten einen Akt der Respektlosigkeit gegenüber der ganzen Kommune dar. Lächelnd sagte der Kontaktmann zu mir, daß «unsere Begegnung nie stattgefunden« habe, und wies mir den Weg zur Behausung eines der Nele. Dieser vermittelte mir dann eine Zusammenkunft mit dem Häuptling. Nach etwa einer Stunde unseres Zusammenseins schlug der Häuptling vor, ich solle doch mit einem studierten jungen Anthropologen sprechen, der auf der Insel lebe – niemand anders als mein ursprünglicher Kontaktmann. Der konnte nun frei über die heiligen Bräuche der Cuna reden und bestätigte vieles von dem, was der Häuptling mir über heilige Bäume gesagt hatte. Ich war glücklich, die benötigten Informationen zu bekommen, erkannte aber auch, wie wenig ich vor meiner Ankunft über die Cuna-Kultur gewußt und wie unsensibel ich mich gegenüber ihren religiösen und gesellschaftlichen Traditionen verhalten hatte.

Die vom Herzen bestimmte Einstellung zur Natur

Die Pflege der Selbstachtung hat zur Folge, daß man sich der Kräfte deutlicher bewußt wird, die auch alle anderen Lebensformen erschaffen und erhalten. Wie in den vorhergehenden Kapiteln bereits erwähnt, erwächst ein grundlegender Teil dieses Verständnisses aus häufigem, «herzlichem» Kontakt mit der Natur anstelle einer rein verstandesmäßigen Begegnung.

Einfach in der Natur sein – ob man nun ruhig auf einem Waldpfad wandert, stumm an einem Fluß entlangbummelt, sich hinsetzt, den Rücken an einen Baumstamm gelehnt, und die Blumen betrachtet, dem Wind lauscht, den im Geäst singenden Vögeln zuhört, den Flug der Insekten beobachtet, die Erde und die Steine unter den Füßen spürt oder sich auf den Boden legt und in den Himmel schaut – dies alles fördert den Prozeß der schrittweisen Vertiefung von Respekt und Staunen.

Wenn wir mit der Natur vertrauter werden, beginnen wir, ihre Energie zu spüren und ihre Rhythmen zu erkennen. Wir achten die Kraft, Schönheit und Weisheit, die der Natur und ihren unzähligen Ausdrucksformen innewohnen.

Außerdem beginnen wir, die wechselseitigen Abhängigkeiten des Lebens zu erkennen. Wir lernen, die das Wesen eines Waldes oder eines Sumpfes ausmachenden Aspekte zu respektieren, das Wechsel- und Ineinanderspiel der verschiedenen Elemente zu würdigen und zu erfassen, wie sie zu einem komplexen, doch fein aufeinander abgestimmten lebenden Ganzen beitragen. Nach und nach führt dieses Verständnis dazu, daß wir uns mit dem Wechselspiel der Elemente identifizieren; wir begreifen, daß wir ein wichtiger Teil davon sind. Langsam nehmen wir unsere fast vergessene Verbindung mit dem Land, den Tieren und den Pflanzen wieder auf.

Ein solcher Prozeß setzt jedoch keineswegs durch bloßes Nachdenken ein. Das Erfassen der Realität dieser wechselseitigen Verbundenheit und Abhängigkeit aller Wesen vollzieht sich oft schrittweise, wenn wir verwurzelt und aufnahmefähig genug sind, um dieses Wissen in unser Bewußtsein treten zu lassen. Die neuen Erkenntnisse versetzen uns schließlich in die Lage, sowohl uns selbst als auch die Natur in völlig neuem Licht zu sehen.

Die herzbestimmte Einstellung zur Natur erlaubt uns, ein größeres Maß an Identifizierung mit ihr zu erfahren. Die Identifizierung mit der Natur ist viel wertvoller und dauerhafter als die Identifizierung mit der eigenen Kultur und Herkunft, mit politischen Ideen, gesellschaftlichen Bewegungen oder materiellen Besitztümern. Sie ist nicht nur lohnender, sondern auch viel *wirklicher*. Wenn wir uns mit der Natur identifizieren, identifizieren wir uns *mit der Realität hinter der Form* statt mit willkürlichen Kreationen wie Sozialstatus oder religiösen Unterschieden. Natürlich findet eine so fundamentale Bewußtseinsverlagerung nicht immer in einer vorhersagbaren Abfolge statt, denn die Reaktionen eines Menschen auf die Natur sind nicht unbedingt logisch und verlaufen nicht geradlinig!

Wenn wir jedoch ein Gefühl des Einsseins mit der Natur erlangen, nehmen wir nicht nur unsere wahre Identität an, sondern erkennen auch unseren Platz in der natürlichen Lebensordnung besser. Wir fangen an, uns von alten Bildern des Selbsthasses, der Selbsterniedrigung und Gefühlen der Wertlosigkeit zu befreien. Wir erkennen, daß wir ein Recht haben, hier auf Erden zu sein, und wir hören auf, uns unbedeutend zu fühlen. Wir sehen uns zunehmend als starken, schönen und im wesentlichen liebevollen Teil der «Familie Natur» und erkennen zunehmend die potentiell wichtige Rolle, die wir dank unserer Gaben und Begabungen im Prozeß der Evolution einnehmen. Wir wissen die Heiligkeit des Lebens besser zu würdigen, nicht nur die Heiligkeit unseres eigenen Lebens als Individuen, sondern auch die der anderen Lebewesen.

Während wir nun unser Leben leben, wird sich dieses allumfassende, starke Gefühl der Achtung, die wir vor uns selbst und vor anderen empfinden, in tausend kleinen, auf Bewußtheit, Liebe und Mitgefühl basierenden Taten offenbaren. Ein solches Denken und Tun führt gewissermaßen spiralförmig zu einer tieferen Würdigung unseres essentiellen Werts. Das größere Selbstwertgefühl wiederum versetzt uns in die Lage, durch unser Beispiel eine respektvolle Haltung zu lehren – statt uns selbst und anderen Regeln und Maßstäbe aufzuzwingen.

«Mais wachsen lassen»

Der indianische Medizinmann Sun Bear sagte oft: «Wenn deine Philosophie keinen Mais wachsen läßt, will ich nichts davon hören.» Weise Worte. Haltungen und Ideen offenbaren ihren wirklichen Wert erst, wenn sie im täglichen Leben praktisch umgesetzt werden.

Achtung vor Mutter Erde erfordert sowohl Sensibilität als auch eine starke Verpflichtung zum Handeln. Wie wir diese Achtung ausdrücken, liegt an uns, an den Gaben, über die wir verfügen. Wir können es einfach dadurch tun, daß wir die Blumen in unseren Töpfen oder im Garten pflegen oder daß wir unseren Tiergefährten voller Achtung, Zuneigung und Liebe begegnen.

Manche Menschen wollen ihre Fürsorge vielleicht auf andere Wesen ausdehnen. Ein Stadtbewohner kann beispielsweise einen Baum in seiner Straße «adoptieren», die Patenschaft für ihn übernehmen, ihn also gießen, wenn nötig, und dafür sorgen, daß er nicht mißhandelt wird. Eine andere befriedigende und nützliche Aktivität wäre, mit einem Müllbeutel durch einen örtlichen Park zu gehen und Flaschen, Dosen, Papierfetzen sowie andere weggeworfene Dinge einzusammeln. Es gibt viele «greifbare» Arten, Mutter Erde unseren Respekt zu bezeugen. Man kann Bäume pflanzen, einen Stadtgarten anlegen oder auf unbebauten Grundstücken «Westentaschenparks» gestalten. Man kann den örtlichen botanischen Garten unterstützen oder sich in Organisationen betätigen, deren Ziel es ist, die Umwelt auf internationaler, nationaler oder lokaler Ebene zu schützen und zu retten.

Der Kauf «umweltfreundlicher» Produkte und nur jener Dinge, die wir wirklich brauchen, kann ebenfalls unsere Achtung vor unserer Umwelt zeigen. Das Recycling von Papier, Metall, Glas, Plastik und organischem Abfall reduziert die Notwendigkeit zur Anlage neuer Mülldeponien sowie zum Abbau von Aluminium und zum Fällen von Bäumen. Das möglichst häufige Benutzen öffentlicher Verkehrsmittel und Radfahren oder Zufußgehen, statt das Auto zu nehmen, verringert die Umweltverschmutzung und spart Energie.

Der Konsum von Lebensmitteln aus dem unteren Bereich der Nahrungskette kann ein sehr persönlicher Ausdruck von Achtung gegenüber Tieren sein, ebenso gegenüber dem Planeten, auf dem wir leben. Eine vegetarische Ernährung senkt nicht nur die Schlachtrate, sondern nimmt die Pflanzen- und

Wasserressourcen weit weniger stark in Anspruch als eine auf Fleisch konzentrierte Kost. Der Durchschnittsamerikaner beispielsweise konsumiert im Jahr fast eine Tonne Getreide, obwohl er nur 75 Kilo direkt verspeist, in Form von Brot oder Getreideprodukten. Den Rest konsumiert er indirekt, in Form der Tiere, die damit gefüttert werden. Die in den Vereinigten Staaten beliebte traditionelle Mischkost erfordert 9500 Liter Wasser pro Person und Tag (einschließlich der Bewässerung der Felder, des Trinkwassers für Tiere und der großen Wassermengen, die bei der Fleischverarbeitung benötigt werden), während bei vegetarischer Ernährung nur etwa 1140 Liter nötig sind. Letztere zieht auch viel weniger negative Folgelasten nach sich als eine Ernährung mit Fleisch, weil jene ungeheuren Umweltschäden, die durch Abwässer von den Fütterungseinrichtungen sowie durch die von den Schlachthöfen verursachte Luft- und Wasserverschmutzung entstehen, vermieden werden. Wenn wir unsere Kost vom unteren Bereich der Nahrungskette wählen, wandeln wir leicht auf dem Rücken von Mutter Erde, weil wir den Umweltstreß verringern.

Achtsamkeit gegenüber dem Kleinsten

Die Achtung der Umwelt im täglichen Leben ist zwar unsere wichtigste Aufgabe, wir müssen uns aber auch der sogenannten «kleinen Dinge» des Lebens bewußt werden. Die bewußte Wahrnehmung selbst der kleinsten und (für unsere Augen) unbedeutendsten Lebensformen war für die Weisen schon immer der Prüfstein für eine wahrhaft spirituelle Einstellung dem Leben gegenüber. Ein anonymer chinesischer Dichter fand dafür folgende Worte:

Ich liebe dieses Unkräutlein,
Finde einen Funken Leben darin.
Ein Unkräutlein wächst mitten auf einer Mauer,
Lieblich und lebendig.

Ich gieße es jeden Tag.
Es besitzt die Bedeutung alles Lebendigen, während es
wächst.

Bei den Jainas, einer religiösen Sekte in Indien, deren Lehre
ahimsa oder Nichtverletzen fordert, ist es einem Gläubigen
verboten, ohne Grund im Boden zu graben; außerdem wird
ihm geraten, keine Bäume zu entwurzeln, nicht ohne Not auf
Gras zu trampeln, keine Blätter oder Blüten oder unreifen
Früchte von Bäumen zu pflücken. Einige Jaina-Mönche nehmen ihre Gelübde so ernst, daß sie sich weigern, Motorfahr-
zeuge zu benutzen, aus Angst, Menschen oder Tiere zu töten,
sie achten sogar äußerst sorgfältig darauf, keinem Insekt etwas
zuleide zu tun, wenn sie über die Straße gehen. In dem Jaina-
Text *Atma Tatva Vichar* heißt es:

Ein Mönch muß übergewissenhaft versuchen, jegliche Verletzung feinstofflicher oder grober Wesen zu vermeiden,
während er sich bewegt, spricht, ißt, trinkt, sitzt oder
schläft. Aus diesem Grund haben die Mönche einen Stielbe-
sen bei sich. Mit den äußerst weichen Spitzen der Wollfäden
des Besens entfernen sie behutsam jedes lebende Insekt, das
auf ihrem Körper, ihrem Gewand oder anderen Utensilien
krabbelt, damit es nicht verletzt wird.

Für die meisten von uns wäre es schwierig, das gewaltlose
Leben eines Jaina-Mönchs zu führen. Doch Rick Day beschreibt eine sehr moderne Umsetzung von Sensibilität
und Respekt gegenüber der Erde beim Bau eines Abwasser-
systems in einer spirituellen Gemeinde in den Catskill Moun-
tains:

Wir installierten es, ohne die Umwelt zu schädigen. Bevor
wir anfingen zu graben, hoben wir die Rasensoden ab.
Zweige wurden aus dem Weg gebunden. Gräben hoben wir
von Hand aus, um die großen Baumwurzeln nicht zu
beschädigen. Mir gefiel diese neue Art des Arbeitens in

Einklang mit dem Leben rundum. Es ist die Manifestation unserer ganzen Liebe.

Ständig werden Lebensformen vernichtet, um das Überleben anderer – darunter unserer eigenen – sicherzustellen. Aber Menschen wie Albert Schweitzer betonen, daß wir uns bemühen müssen, anderen Lebewesen dabei so wenig Schaden wie möglich zuzufügen:

> Dem wahrhaft ethischen Menschen ist alles Leben heilig, auch das, das uns vom Menschenstandpunkt aus als tiefer stehend vorkommt. Unterschiede macht er nur von Fall zu Fall und unter dem Zwange der Notwendigkeit, wenn er nämlich in die Lage kommt, entscheiden zu müssen, welches Leben er zur Erhaltung des anderen zu opfern hat. Bei diesem Entscheiden von Fall zu Fall ist er sich bewußt, subjektiv und willkürlich zu verfahren und die Verantwortung für das geopferte Leben zu tragen zu haben.
> Ich freue mich über die neuen Schlafkrankheitsmittel, die mir erlauben, Leben zu erhalten, wo ich früher qualvollem Siechtum zusehen mußte. Jedesmal aber, wenn ich unter dem Mikroskop die Erreger der Schlafkrankheit vor mir habe, kann ich doch nicht anders, als mir Gedanken darüber machen, daß ich dieses Leben vernichten muß, um anderes zu erretten.
> Ich kaufe Eingeborenen einen jungen Fischadler ab, den sie auf einer Sandbank gefangen haben, um ihn aus ihren grausamen Händen zu erretten. Nun aber habe ich zu entscheiden, ob ich ihn verhungern lasse oder ob ich täglich soundso viele Fischlein töte, um ihn am Leben zu erhalten. Ich entschließe mich für das letztere. Aber jeden Tag empfinde ich es als etwas Schweres, daß auf meine Verantwortung hin dieses Leben dem andern geopfert wird.

Respekt: die energetische Resonanz

In einem früheren Kapitel sprachen wir darüber, daß das Universum von Energien erfüllt ist. Wenn das Leben eines Menschen im Respekt wurzelt, kann er, falls er sensibel genug ist, eine Veränderung in Ihrem Energiefeld wahrnehmen. Andere Menschen wiederum werden von Tieren besonders geliebt, weil diese instinktiv spüren, daß da jemand ist, der sie mag und ihnen freundlich begegnet. Wenn Respekt ein zentrales Moment in unserem Leben ist – Respekt gegenüber uns selbst, anderen Menschen, Tieren, Pflanzen, anderen Lebewesen –, fördern wir das Entstehen des *vollkommenen energetischen Ausdrucks* dessen, was wir sind. Weil Devas Verbindungen auf energetischer Ebene und nicht auf der Basis unserer äußeren Erscheinung herstellen, sind Qualität und Beschaffenheit unserer Energie ausgesprochen wichtig für eine sinnvolle Beziehung zu ihnen. Ein gedanken- und gefühlloser Mensch beispielsweise, der nur in den Wald geht, um Bäume zu fällen, würde bei den Naturgeistern Furcht hervorrufen, während ein Mensch, der voller Respekt und Dankbarkeit in den Wald geht, Vertrauen erwecken würde, selbst wenn er die Absicht hätte, Bäume zu fällen.

Ein Mensch, der in seinem Leben keinen Respekt entwickelt hat, wäre nicht nur unempfänglich für die wohltuenden Energien der Natur, sondern würde außerdem bei den entsprechenden Naturgeistern Mißtrauen und Furcht erregen. Ein Mensch, dessen Persönlichkeit geprägt ist von Achtung und Respekt, stößt jedoch bei den Mitgliedern des Engelreichs auf Vertrauen und Offenheit. Es ist fast, als würden die Naturwesen sagen: «Diese Person ist ein Freund, eine Freundin.» Ein solcher Mensch wird zu jenen Mitgliedern der Engelhierarchie in Beziehung treten, «die am besten mit seiner liebevollen, respektvollen Energie auf einer Wellenlänge liegen». Diese Resonanz ist die Grundlage für eine Kommunikation und Kommunion verschiedener Spezies auf der sichersten, klarsten und höchsten Ebene.

6 Bescheidenheit als Grundlage einer neuen Beziehung zur Natur

Bescheidenheit, diese Wurzel, niedrig und schön,
Aus der alle himmlischen Tugenden entstehn.
Thomas Moore

Bescheidenheit ist unser «Sicherheitsnetz», wenn wir mit Naturgeistern arbeiten. Sie verhindert, daß wir in die sehr menschliche Eigenart verfallen, zu versuchen, die Natur von einem Standpunkt der Ichbefriedigung aus zu kontrollieren bzw. die Natur oder andere Lebewesen irgendwie zu manipulieren, so daß sie uns zu willen sind.

Bescheidenheit ist der psychologische Aspekt des Verwurzeltseins. Sie impliziert, daß wir uns zurücknehmen und Idealvorstellungen von uns als Menschen ad acta legen. Bescheiden zu sein bedeutet jedoch keineswegs, einen Minderwertigkeitskomplex zu haben. Bescheidenheit lehrt uns, daß wir zwar nicht das Zentrum des Universums, aber auch keine bloßen Sandkörner am Strand sind. «Bescheidenheit soll uns zur richtigen Einschätzung des eigenen Selbst bringen», sagt Charles H. Spurgeon. «Es ist keine Bescheidenheit, wenn ein Mensch weniger von sich hält, als er sollte.»

Bescheidenheit verhilft uns zu einer richtigen Einschätzung unserer Person im Verhältnis zur übrigen lebenden Welt. Die Entdeckung der Bescheidenheit ermöglicht uns nicht nur größere Aufgeschlossenheit für neue Ideen und für die Standpunke anderer Menschen, sondern macht uns auch sensibler für die Natur sowie für die Informationen und Inspirationen, die Devas uns vermitteln können.

Eine egozentrische Tradition

Wir Menschen sind von Natur aus eine ichbezogene Sorte Lebewesen. Unsere Egozentrik spielte eine grundlegende Rolle bei unserem Überleben als Spezies. Unsere frühen Vorfahren brauchten ein starkes Ichgefühl, um in einer oft feindseligen Umwelt zu bestehen.

Ichbezogenheit ist notwendig, um zu lernen und zu wachsen und seine Talente zu entwickeln, seien sie nun künstlerischer oder praktischer Natur. Sie ist ein Aspekt unseres Wesens, der uns von anderen Wesen unterscheidet; sie ist jener Teil unseres Charakters, der uns zu den einzigartigen Individuen macht, die wir sind. Ein starkes Ichgefühl zu haben ist nicht von Natur aus schlecht oder falsch. Es ist ein notwendiger Teil unseres Entwicklungsweges, Individualität zu erfahren und das Leben aus ichbezogener Sicht zu sehen statt von einem universelleren, selbstlosen Standpunkt aus.

Im Idealfall können wir diese Eigenschaften der Selbstidentität und Individualität behalten und gleichzeitig ein umfassenderes Gefühl der Identität mit dem Rest der Schöpfung entwickeln. Australische Aborigines beispielsweise erkennen die Individualität jedes einzelnen sehr wohl an – sie schätzen die künstlerische Fähigkeit eines jeden Menschen, Jagdgeschick oder musikalische Begabung –, doch damit verbunden ist die Überzeugung, daß jeder einzelne auch Teil einer größeren Gemeinschaft mit einem höchst komplexen Verwandtschaftssystem ist. Neben einem gesunden Gleichgewicht von Ichbezogenheit und Gemeinschaftsbezogenheit gibt es bei den Stammesmitgliedern eine umfassende Definition von Gemeinschaft, in der Tiere, Bäume, Flüsse, Winde und Felsen mit einbezogen sind. Gleich anderen Völkern betrachten die Aborigines diese größere Gemeinschaft als eine Art erweiterte

Familie. Ihre Sicht basiert auf dem Wissen, daß wir von anderen Lebensformen abhängig sind, was unseren Fortbestand, unseren Kenntniszuwachs und unser Vergnügen anbelangt. Der berühmte Sonnengesang des hl. Franziskus bringt diese umfassende Sicht der Natur wunderbar zum Ausdruck:

Sei gelobt, mein Herr, für Bruder Mond und die Sterne,
Die du am Himmel geformt in köstlich funkelnder Ferne.
Sei gelobt, mein Herr, für Bruder Wind
Und für Luft und Gewölk und heitres und jegliches Wetter,
Wodurch du belebst die Kreaturen, daß sie sind.
Sei gelobt, mein Herr, für die Schwester Quelle,
Die so nützlich ist, gering und köstlich und keusch und
    helle.
Sei gelobt, mein Herr, für Bruder Feuer,
Durch den du erleuchtest die Nacht.
Sein Sprühn ist kühn, heiter ist er, schön und gewaltig stark.
Sei gelobt, mein Herr, durch unsere Schwester, die Mutter
    Erde,
Die uns versorgt und nährt
Und zeitigt allerlei Früchte und farbige Blumen und Gras.

Als die Menschheit ihre eigentliche Basis – die Verbundenheit mit der Natur – zu verlieren begann, geriet das Gleichgewicht zwischen Individuum und Gemeinschaft aus dem Lot. Individualismus und Egozentrik breiteten sich mehr und mehr aus. Man begann, die Natur als bloße Quelle von Wohlstand, Macht und Status zu betrachten statt als Mutter und Erhalterin von allem. Die großen Wälder Europas und des Nahen Ostens wurden systematisch vernichtet, weil man Holz brauchte zum Bau von Tempeln, Festungen, Häusern und Schiffen. Riesige Holzmengen wurden für die Befeuerung von Schmelzhütten zur Herstellung von Gegenständen aus Bronze, Kupfer und anderen Metallen benötigt. Konkurrenzdenken, Habgier und Neid griffen um sich und prägen bis heute unsere Gesellschaft.

Während wir uns immer weiter von der Natur entfernten, wurde unsere Sicht des Lebens immer weniger intuitiv und

Der Vulkan Osomo und der Petrohué-Wasserfall bei
Puerto Montt, Chile.

emotional bestimmt, dafür zunehmend intellektuell und analytisch. Wir sahen uns nicht mehr als Teil im natürlichen Schema der Dinge, sondern als etwas «Darüberstehendes», was sich auch in unseren religiösen und philosophischen Lehren widerspiegelte. Das Christentum signalisierte eine zunehmende Spaltung zwischen Natur und Geist. «Die Unterscheidung zwischen dem Natürlichen und dem Übernatürlichen wurde so streng gehandhabt, daß sie die Natur fast des inneren Geistes beraubte, der alle Dinge belebt», schreibt der islamische Gelehrte Seyyed Hossein Nasr.

Die Bibel lehrt, daß die Menschen als Spezies der übrigen Schöpfung überlegen sind und die Menschheit «herrschen» soll über Vieh, Fische und Vögel sowie «über alles Gewürm, das auf der Erde kriecht» (Gen. 1, 26). Die Menschen sind demnach die selbsternannten «Könige der Berge» und berechtigt, mit den ihnen fremd gewordenen «Verwandten» zu verfahren, wie ihnen beliebt.

Stammesgemeinschaften wie die Shuar, Navaho und Maori dagegen waren immer bescheiden genug, um zu erkennen, daß der Mensch ohne die Natur nicht leben kann, daß die Natur jedoch sehr gut ohne uns auskommt. Das Leben auf der Erde wird mit oder ohne uns Menschen in der einen oder anderen Form weitergehen – so wie es auch nach dem Aussterben der Dinosaurier vor vielen Millionen Jahren weiterging. Viele Lebensformen werden die Folgen von Umweltverschmutzung und Abholzung der Wälder nicht verkraften können. Andere Spezies – man denke nur an die unglaubliche evolutionäre Langlebigkeit von Schaben, Alligatoren und Ginkgobäumen – werden weiterbestehen, sich anpassen und in einer sich verändernden Umwelt gedeihen. Wenn wir Menschen als Spezies eine Überlebenschance haben wollen, muß sich unsere Beziehung zur Natur grundlegend ändern.

Bescheidenheit – der große Gleichmacher

Bescheidenheit kann uns helfen, unsere gestörte Beziehung zur Natur zu ändern. Bescheidenheit bedingt, daß wir gewohnte Perspektiven zugunsten neuer Sichtweisen aufgeben. Sie verlangt, nicht nur analytisch vorzugehen, sondern auch den Gefühlen wieder Raum zu lassen, um die Realität bewußt und direkt wahrzunehmen. Bescheidenheit fordert von uns auch, daß wir unseren Zweifeln und unserer Verwirrung Ausdruck verleihen und die Möglichkeit in Betracht ziehen, daß das, was man uns in der Vergangenheit gelehrt hat, vielleicht nicht mehr gültig ist.

Vor einigen Jahren besuchte ich einen guten Freund in Brasilien, der sich gerade von einem Bauchspeicheldrüsenkrebs erholte. Als ihm eröffnet worden war, daß sein Zustand hoffnungslos sei, hatte er eine medizinische Behandlung abgelehnt. Ganze sechs Monate später ergab jedoch eine ärztliche Untersuchung, daß der Krebs völlig verschwunden war. Mein Freund ist nun seit mehr als sechs Jahren krebsfrei.

Er erzählte mir, seine Heilung habe damit begonnen, daß er ein Getränk zu sich nahm, das im Portugiesischen *daime* heißt. Es wird auch *ayahuasca* oder *yaje* genannt und wird vor allem von Mitgliedern der Stammeskulturen des ganzen Amazonasgebiets – darunter den Miraña, den Shuar und den Machiguenga – unter Anleitung des Stammesschamanen angewendet. In Brasilien stellt man Daime aus zwei heiligen Pflanzen des Regenwaldes her, aus der Rebe *cipó jagube (Banisteriopsis caapi)* und den Blättern des *folha chacrona (Psychotria viridis)*, einem kleinen Baum der Kaffeefamilie.

Mein Freund erzählte mir außerdem, daß Daime neben der Heilwirkung auch eine bewußtseinsverändernde Wirkung hat, ähnlich wie Peyote (Meskalinpflanze) oder bestimmte Arten von «magischen» Pilzen. Mein Freund gehört einer ökospirituellen Gruppe an, die Daime benutzt, um die Grenzen des Geistes auszuloten und zu erfahren, wie man in Einklang mit der Natur lebt; er lud mich zur Teilnahme an einer religiösen Feier ein.

Trotz meiner angeborenen Skepsis beschloß ich, die Einladung anzunehmen. Ich wußte, daß nur wenige Menschen Pankreaskrebs überleben, selbst wenn sie sich einer Chemotherapie, Bestrahlung oder Operation unterziehen. Und wenn Daime meinen Freund von einer tödlichen Krankheit hatte genesen lassen, so sagte ich mir, würde es mir gewiß nicht schaden.

Die Zeremonie fand in einer einfachen Kirche statt, die auf einer Waldlichtung stand. Mehr als hundert Menschen hatten sich versammelt, darunter einige, die eigens aus Rio de Janeiro und São Paulo angereist waren. Nachdem die Kirchenmitglieder ein Glas Daime getrunken hatten, stellten sie sich für die Zeremonie, bei der Hymnen gesungen und Formationstänze aufgeführt werden sollten, in Reihen auf. Die Zeremonie begann bei Sonnenuntergang und sollte bis zum Sonnenaufgang am nächsten Morgen dauern.

Einige Minuten nach Einnahme der bitteren kaffeebraunen Flüssigkeit überkam mich ein recht angenehmes Gefühl größerer Sensibilität gegenüber meinem Körper und auch gegenüber den Menschen um mich herum. Doch ein paar weitere Minuten später begannen mich Angst und Schrecken zu erfassen: Ich spürte zunehmenden Druck in der Brust, Schwindel und Schwere in Armen und Beinen. Außerdem wurde mir übel, und ich mußte mich übergeben. Meine geistigen und körperlichen Funktionen waren völlig außer Kontrolle geraten. Mein Unwohlsein und meine Angst ließen mich glauben, daß ich sterben würde. Noch nie zuvor hatte ich so etwas erlebt.

An diesem Punkt fiel ich auf die Knie, wie ich mich erinnere, und bat Gott unter Tränen, mich zu verschonen. Ich bat um Vergebung für meine Arroganz, meinen Stolz und meine verletzenden Taten in der Vergangenheit. Ich bat darum, mein Leben behalten zu dürfen, und versicherte, alles zu tun, um mich zu ändern. Noch nie hatte ich mit solcher Inbrunst gebetet, und ich bot wohl ein ziemliches Spektakel dar vor den anderen Teilnehmern, die Hymnen sangen und sich zum Rhythmus der Musik bewegten.

Plötzlich spürte ich die Gegenwart einer Art engelhaften – devischen – Wesens oder Führers, den ich bald als einen der in der Kabbala erwähnten Engel identifizierte. Er war äußerst gütig und sehr ernst. Er teilte mir mit, daß ich an diesem Abend nicht sterben würde und daß die Schmerzen, die Übelkeit und die Angst mir ermöglichen sollten, mehr Mitgefühl mit Menschen zu haben, die wirklich krank waren – im Gegensatz zu Hypochondern wie mir, die sich oft nur einbildeten, krank zu sein. Das körperliche Unbehagen würde mich hoffentlich bescheidener machen und offen für die Lehren, die Daime mir zu bieten hatte. Mein physisches Unbehagen verschwand zwar während der ganzen Zeremonie nicht völlig, aber ich wurde empfänglicher für den bis zur Morgendämmerung dauernden «Einführungskurs» in die feinstofflichen Bereiche.

Denn die Tatsache allein, daß wir in der Vergangenheit Fehler gemacht haben, heißt nicht, daß wir nicht vertrauenswürdig sind und nichts Gutes verdienen. Als Menschenwesen *entwickeln* wir uns zu einer höheren Bewußtseinsebene hin. Zu diesem Prozeß gehört es, daß wir Fehler begehen und uns unserer Mängel bewußt werden.

«Bescheidenheit», so sagte der einstige UNO-Generalsekretär Dag Hammarskjöld, «ist genauso das Gegenteil von Selbsterniedrigung wie von Selbstüberschätzung.»

Bescheiden sein heißt, *keine Vergleiche anzustellen.* Das in seiner Realität sichere Selbst ist weder besser noch schlechter, weder größer noch kleiner als irgend etwas anderes im Universum. Es *ist* – ist nichts und doch gleichzeitig eins mit allem.

Manche von uns geraten in Versuchung, sich als etwas Besonderes zu fühlen, weil sie Umgang mit Naturgeistern pflegen. Ein Gefühl, das aus der Unsicherheit erwächst, da man doch so lange getrennt von der Natur gelebt hat. Die meisten jener Menschen, die wirklich emotional tief mit der Erde verbunden sind (etwa Schamanen, Gärtner und Bauern), bilden sich nichts auf diese Beziehung ein und glauben nicht, etwas Besonderes zu sein. Sie sind, wer sie sind, und sie arbeiten voll Bescheidenheit und Engagement, um den Menschen, Tieren, Pflanzen, Mineralien und Devas in ihrer Umgebung zu dienen.

Bäume um Hilfe bitten

Zwischen Menschen und Bäumen besteht von Natur aus eine sehr enge Verbindung, und auch deshalb können Bäume uns helfen, wahre Bescheidenheit zu erfahren. Bäume erzeugen nicht nur den Sauerstoff, den wir zum Überleben brauchen, sondern liefern uns außerdem Nahrung, Schutz, Medizin sowie Unterkunft, und sie inspirieren uns. Die Menschen leben gleich den Bäumen in der Vertikalen. Weil der Baum zeitlebens an einem Ort verharrt, während der Mensch sich ständig von Ort zu Ort bewegt, ergänzen wir einander perfekt. Der Baum kann Informationen vermitteln, die er aus seiner stabilen Verwurzelung in der Erde und aus dem Leben an einem einzigen Platz bezieht, während wir energetisch unsere Erfahrung des ständigen Unterwegsseins vermitteln können.

Nähern Sie sich einem Baum, für den Sie besonders freundliche Gefühle hegen, voll Ehrerbietung und Respekt. Umfassen Sie ihn, und bitten Sie ihn aufrichtig – von *Herzen* –, Ihnen zu helfen, bescheiden zu werden, sich Ihrer Urverbindung zu Mutter Erde bewußt zu werden und Ihr Leben in der richtigen Perspektive zu sehen. Beten Sie darum, daß Sie Heilung, Regeneration und Weisheit erlangen und wirklich erleben können. Seien Sie sich bewußt, daß eine solche Verbindung und Kommunikation Ihr Geburtsrecht als Sohn oder Tochter von Mutter Erde ist. Seien Sie empfänglich für das, was der Baum zu bieten hat: Fülle, Weisheit, Kraft und Lebendigkeit.

Wenn Sie danach trachten, solche Kontakte zu erneuern und zu vertiefen, werden die Widerstände gegenüber der Bescheidenheit nach und nach abgebaut. Die Kraft der Weisheit wird sie beseitigen. Denn Weisheit, wirkliche Weisheit, vernichtet Arroganz, Isoliertheit und Respektlosigkeit. Sie führt jeden von uns mittels Selbstbewußtheit, Ehrlichkeit und Wahrheit

Zypresse bei Pont Lobos, Kalifornien.

zum verborgenen Schatz der Bescheidenheit und unserer Verbindung zu jedwedem Leben sowie zu jenen Wesen, die voller Freude auf die Wiederherstellung der verlorengegangenen Verbindung mit uns warten.

Bescheidenheit, Humor und Macht

Sinn für Humor sollten wir haben, wenn wir uns auf irgendeine spirituelle Disziplin einlassen, und er kann eine wichtige Eigenschaft sein, wenn wir ungelöste Aspekte unserer Beziehung zur Natur erforschen. Viele amerikanische Stammeskulturen glauben, daß zu große Ernsthaftigkeit und Macht ein Ungleichgewicht bewirken könnten, das sich unter Umständen nachteilig auf das Wohlergehen der Gemeinschaft und deren natürliche Umwelt auswirkt. Sogar an den bedeutendsten Stammeszeremonien nahmen oft heilige Narren und Clowns teil, und zum Gemeinschaftsleben der Stämme zählten eine ganze Reihe fröhlicher Aktivitäten wie Glücks-, Reifen- und Stabspiele. Bei den Inuits werden Songfestivals geradezu rituell geplant und strukturiert, enthalten aber oft spontane dramatische, scherzhafte und satirische Äußerungen. Wie es in einem Sprichwort der Inuits heißt: «Wer zu spielen versteht, kann leicht über die Widrigkeiten des Lebens hinwegspringen. Und wer zu singen und zu lachen versteht, brütet nie Unheil aus.»

Naturgeister arbeiten zum Ruhm von Mutter Erde und existieren, um deren Willen mittels Führung, Manifestation und Evolution der Form auszuführen. Die Hauptkomponente jeder Bitte, die wir bei unseren Kontakten mit Naturgeistern an diese richten, muß darin bestehen, daß wir – im Geist wahrer Bescheidenheit – den Willen von Mutter Erde erfüllen wollen. Tun wir das nicht, überqueren wir die Grenze zu den Bereichen der Schwarzen Magie, indem wir Natürkräfte für eigene, selbstsüchtige Ziele manipulieren.

Wenn wir unseren Willen jenem von Mutter Erde unterordnen, werden wir nicht schwach, sondern mächtig. Wir verbünden uns mit den Kräften der Evolution und der Liebe. Tatsächlich ist es ein Akt der Stärke, zu lernen, wie man auf diese tieferen Instinkte reagiert.

Es ist nicht immer leicht, zu Bescheidenheit zu finden und sie im täglichen Leben zu praktizieren. Das erfordert ständige Aufmerksamkeit und Ehrlichkeit gegenüber sich selbst. Illusionen zu erkennen, unsere Motive und Absichten zu prüfen, danach zu streben, alles möglichst einfach zu halten, unsere Unvollkommenheiten zu akzeptieren, Sinn für Humor zu bewahren und ganz im Hier und Jetzt zu leben – dies sind die kleinen, aber wichtigen persönlichen Schritte, die wir machen müssen, um unsere natürliche Bescheidenheit in allen unseren Bestrebungen zu pflegen.

Eine letzte Komponente der Bescheidenheit ist die Erkenntnis, daß unser Lernen, unsere Entwicklung, Gesundheit und Erfahrung sich in den Gesamtkontext einfügen müssen, der da heißt: anderen helfen und dienen. Wir müssen begreifen, daß jeder von uns eine Zelle im Körper der Menschheit und in jenem von Mutter Erde ist. Dieses Wissen befähigt uns, mit der einen Hand zu empfangen und mit der anderen zu geben, nichts zum alleinigen eigenen Nutzen zu behalten.

Indem wir unsere Siege wie unsere Kämpfe teilen, stärken wir alles um uns herum und unterstützen die Entwicklung aller Lebewesen. Das zu erkennen ist nicht nur ein Akt wahrer Bescheidenheit, sondern bedeutet auch, die Realität unseres Lebensweges auf Erden zu erkennen und zu akzeptieren.

TEIL III

Dialog mit unseren guten Geistern

7 Aufbruch ins Reich der Devas

Säe gesunde Samenkörner, wähle sorgfältig den
Boden für sie aus, und die Zukunft wird dich mit
unerwartet reichen Ernten belohnen.

Letters from the Masters of the Wisdom

Wenn wir eine Reise in eine andere Stadt oder ein anderes Land
unternehmen wollen, sind oft sorgfältige Vorbereitungen
nötig. In den Tagen vor Reiseantritt stellen wir gewöhnlich
eine Liste der Dinge auf, die wir für die Reise brauchen
– Kleidung, Schuhe, Toilettenartikel, Reiseführer, Paß und
Devisen. Besondere Aufmerksamkeit widmen wir oft dem,
was wir zum «Ausgehen» anziehen wollen, sowie allem, was
in einem Notfall erforderlich sein könnte. Die besonders
gründlichen Reisenden unter uns überprüfen auch die Reise-
route noch mal und vergewissern sich, daß sie die nötigen
Adressen notiert haben. Und sollte das Hauptziel der Reise ein
Besuch bei Verwandten oder Freunden sein, wollen wir vielleicht ein passendes Geschenk für den Gastgeber oder die
Gastgeberin mitbringen. Wie jede wichtige Reise, so erfordert
auch ein Besuch bei Naturgeistern sorgfältige Vorbereitungen. Wahrscheinlich wollen die Reisenden im Hinblick auf
einen solchen Ausflug vor allem drei Dinge wissen: Wohin
sollen wir gehen? Was sollen wir anziehen? Was sollen wir
mitbringen?

Wohin sollen wir gehen?

Wie bereits erwähnt, reagieren die Menschen unterschiedlich auf Naturgegebenheiten. Der eine fühlt sich zum Strand hingezogen, der andere dagegen mehr zu den Bergen oder zum Wald. Laut der Candomblé-Überlieferung Afrikas und Brasiliens hat jeder Mensch zwei solcher «Anziehungsbereiche», und diese sind dann auch am geeignetsten für eine Kontaktaufnahme mit jenen Naturgeistern, die am besten zu seiner Seelenessenz passen. Ich beispielsweise spüre starke Resonanz mit Bergen und windigen Orten; alle Berge und windigen Orte wären somit die günstigsten Ziele, wenn ich den Dialog mit Naturgeistern oder Devas aufnehmen wollte.

In der Regel enthalten die großartigsten Naturformen die stärkste devische Energie. Ein Ort wie die Niagarafälle hätte folglich weit mehr Energie als ein kleiner, nur einen Meter hoher Wasserfall in einem Stadtpark. Es lohnt sich immer, «planetare Kraftpunkte» wie den Grand Canyon, den Crater Lake oder den Fudschijama zu besuchen, doch die meisten von uns können an viel kleineren, weniger bekannten, für sie leichter zugänglichen Orten wie eben dem Stadtpark oder auch dem eigenen Garten oder Hinterhof, wichtige Arbeit leisten.

Es stimmt zwar, daß wir zur Kommunikation mit Devas jeden Strand, jeden Berg oder Fluß aufsuchen können, aber viele von uns fühlen sich zu einem ganz bestimmten Platz in der Natur besonders hingezogen, den andere vielleicht völlig übersehen. Es kann sich um einen bestimmten Baum handeln, den wir schon lange mögen, oder um eine Stelle an einem Fluß, an der wir immer ein Gefühl des Friedens und der Integration, der harmonischen Übereinstimmung mit der Umgebung hatten. Wenn Sie eine solche Stelle kennen, gehen Sie dorthin. Sie sind dann nicht nur an einem Ort, an dem Sie gern verweilen, sondern haben wahrscheinlich bereits eine unterbewußte Beziehung mit Engelwesen hergestellt, die dort oder in der Nähe ihr Zuhause haben.

Bevor Sie sich für einen bestimmten Ort entscheiden, ist es

immer ratsam, über die eigenen Erwartungen zu meditieren. Warum wollen Sie gerade heute mit einem Naturwesen Kontakt aufnehmen? Was erhoffen Sie sich davon? Möchten Sie einen fernen Ort aufsuchen, oder wollen Sie in der Nähe Ihrer Wohnung bleiben? Mit welcher Art Energie hoffen Sie in Kontakt zu kommen? Zu welchem Ortstyp (oder welchen Ortstypen) fühlen Sie sich besonders hingezogen? Wenn Sie sich vor Antritt Ihrer Reise solche Fragen stellen, werden Sie sich Ihrer tieferen Bedürfnisse deutlicher bewußt, und Sie werden sensibler gegenüber einer speziellen Energie in der Natur, die Ihnen am besten helfen wird.

Eine große Naturform wie ein See oder Berg ist mit ziemlicher Sicherheit das Zuhause vieler Naturgeister. Diese sind wahrscheinlich verschieden groß, erzeugen verschiedene Energien und führen verschiedene Aufgaben aus. Wenn Sie beispielsweise einen Berggipfel aufsuchen, werden Sie dort nicht nur Bergdevas vorfinden, sondern vielleicht auch die Gegenwart von Winddevas wahrnehmen, von Baumdevas, Blumendevas und Devas, die mit Felsen oder zutage liegenden Gesteinsschichten verbunden sind. Manche Devas scheuen vor Menschen zurück, andere sind spürbar «freundlicher», zumal wenn man sich ihnen mit einem Gefühl der Wertschätzung und Achtung nähert. Wenn wir sensibel gegenüber unserer Umgebung sind und feste, klare Vorstellungen haben, ziehen wir leichter jenen Typ devischer Energie an, den wir brauchen.

Manche Plätze in der Natur enthalten wegen ihrer Größe, ihrer Lage oder einer Kombination verschiedener Naturelemente eine höhere Konzentration an devischer Energie. Wenn Sie sich solcher Stellen klarer bewußt werden und die dort erzeugte Energie wahrnehmen, können Sie Zugang zu einer stärkeren devischen Gegenwart erlangen.

Flüsse und Bäche

Fließendes Wasser ist oft eine sehr wirksame Stätte für Heilung, Reinigung und Lösung innerer Konflikte. Das ist einer

Der Fluß Costa Rica bei Guápiles, Costa Rica.

der Gründe, warum Menschen sich nach Wildwasserfahrten in Schlauchbooten oder Kajaks so hochgestimmt und erfrischt fühlen. Flüsse gelten bei vielen Völkern der Erde als heilig und als Aufenthaltsort mächtiger Geistwesen. Im alten China war He Bo (Bing-yi) der göttliche Herrscher über alle Flüsse. Bis zum Ende der Chou-Dynastie (256 v. Chr.) wurde ihm jedes Jahr eine Jungfrau geopfert. Bei den Azteken war Chalchihuitlicue die Göttin fließender Gewässer und die Gemahlin von Tlaloc, dem mächtigen Regengott. Im Candomblé gehören fließende Binnengewässer zum Herrschaftsbereich von Oschun, die man mit romantischer Liebe, Heirat und menschlicher Fruchtbarkeit in Verbindung bringt. Oschun ist auch die Glücksgöttin, die angeblich denen, die sie verehren, Glück und Wohlstand beschert.

Zu den besonderen «Kraftpunkten» an Flüssen und Bächen zählen Stellen, an denen Stromschnellen oder Wasserfälle auftreten. Kraftwerke bauen ihre Generatoren oft an solchen Punkten, weil dort mehr ganz «normale» Energie erzeugt werden kann, aber natürlich ist dort auch die Menge an «feinstofflicher» Energie größer. Kraftpunkte finden sich außerdem dort, wo ein Nebenfluß in den Hauptfluß mündet oder wo eine ausgeprägte Veränderung der Wassertiefe die Fließgeschwindigkeit verändert. Weitere Stellen mit intensiverer Energie liegen in Zonen mit einer starken Richtungsänderung des Wasserlaufs und in der Nähe bedeutender Naturformen wie einem großen Baum, einem wuchtigen Flußstein oder einer jäh abfallenden Felswand. Inseln mitten in einem Fluß sind häufig Orte mit besonders viel Energie und darum bestens geeignet für Heilzwecke und andere kreative Aktivitäten.

Seen

Ein See ist ein ausgezeichnetes Ziel für Menschen, denen es um Ruhe, um Meditation oder Kontemplation geht. Er ist ein Ort, an dem wir unsere Energien konzentrieren und in die Tiefen unseres innersten Wesens lenken können. In der Mythologie galten Seen als Quellen schöpferischer Energie, und sie waren oft die Heimstatt mächtiger Götter und Göttinnen. Bei den Inka und Aymará bildete der Titicacasee das Zuhause von Viracocha, der Erschafferin von Bergen, Ebenen und Menschen. Im Gebiet des heutigen Mexiko verehrten einst die Azteken den Texcoco-See, der damals Tonanhueyatl oder «Unsere Mutter großes Wasser» hieß. Weil die Seen eng mit Fruchtbarkeit – des Bodens wie des Menschen – verbunden waren, fanden oft Prozessionen zu den Ufern des Texcoco-Sees und anderer Seen statt, wo die Gläubigen grüne Steine, Juwelen und sogar Lebewesen als Opfer darbrachten. Im Candomblé sind Seen (sowie Sümpfe und Moore) mit der Göttin Nanan verbunden, der «Großmutter» brasilianischer Orischa; sie genießt hohe Achtung wegen ihres Alters und ihrer Weisheit.

Seen sind sowohl für die spirituelle wie für die physische

Der See Nahuel Huapí bei Bariloche, Argentinien.

Gesundheit des Planeten von großer Bedeutung. Nachdem ich am Ufer des schönen Lago Nahuel Huapí bei Bariloche in Argentinien meditiert hatte, schrieb ich folgende Deva-Botschaft in mein Notizbuch:

Es ist lebenswichtig, daß die Gewässer von Mutter Erde saubergehalten werden, denn sie sind für das Leben von größter Bedeutung. Und zwar nicht nur für dein Leben, sondern für jegliches Leben auf allen Daseinsstufen. Ein reiner Körper aus Wasser wie ich selbst ist für die Gesundheit von Mutter Erde genauso wichtig wie ein Glas reines Wasser für deine.
Laß dich von der Verwalteraufgabe für die Erde überschwemmen, wie meine Wellen diese Küste überschwemmen. Laß dich nach und nach von der Notwendigkeit des Schutzes der Erde überspülen und ihn zu einem integralen

Bestandteil deines Wesens werden. Eigne dir mehr Wissen über die Geheimnisse der Natur an. Lerne, die Natur zu schützen. Und säe die Samen von Weisheit und Mitgefühl überall, wo du gehst.

Wisse, daß die Erde nicht von einigen wenigen Auserwählten gerettet werden kann. Sie wird von *vielen Auserwählten* gerettet werden. Sie wird von jenen unter euch gerettet werden, die es übernehmen, sich den doppelten Mantel der Verwalteraufgabe und der spirituellen Führerschaft anzuziehen. Nicht gerettet wird die Erde von den Gefangenen. Gerettet werden wird sie von denen, die frei sind, von denen, die einfühlend sind, von denen, die engagiert sind, von denen, die angstfrei sind.

In Seen und Flüssen sowie an deren Ufern gibt es viele einzelne Kraftpunkte – zum Beispiel jenen Punkt, an dem eine außergewöhnliche Tiefenänderung zu registrieren ist (etwa ein Schelf), oder der tiefste Punkt des Sees. Eine Wasserfläche über einer unterirdischen Quelle, die den See speist, ist immer ein bedeutender Kraftpunkt, den man zur Heilung und Neubelebung aufsuchen kann. Fast jede Stelle am Seeufer (wo das Land dem Wasser begegnet) läßt stärkere Energie erwarten, aber besonders wichtig sind «vorspringende Punkte», an denen das Land sich in den See schiebt. Inseln galten vielen Stammeskulturen als heilig, weil man sie oft als Wohnungen von Engelwesen betrachtete. Zwei Inseln im Titicacasee zum Beispiel waren bei den Inka und den Aymará dem Sonnevater (Inti) und der Mondmutter (Mama Ouilla) geweiht.

Berge und Täler

Berge zählen zu den heiligsten Stätten auf der Erde, und viele Überlieferungen künden von mächtigen, auf ihren Gipfeln wohnenden Göttern. In Tibet ist die weibliche Berggöttin als Dölma (Sanskrit: Tara) bekannt, die Große Göttin des Buddhismus. Der Berg Kailash (auch Kang Rinpoche, das Kostbare Schneejuwel genannt) besitzt für die Tibeter eine so große

Der Vulkan Puntiagudo und der See Todos Los Santos, Chile.

spirituelle Stärke, daß sie ihn als *axis mundi* oder Mittelpunkt der Welt betrachten. Bei den Navaho sind Berge ebenfalls Kraftzentren, voll von Intelligenz und Lebenskraft. Wie Peter Gold in *Navajo and Tibetan Sacred Wisdom* schreibt, umfaßt eines der Navaho-Modelle des geomantischen Universums vier äußere heilige Berge, die wir als Mount Taylor, Blanca Peak, San Francisco Peak und Hesperus Peak kennen. Im Candomblé werden Berge angeblich von Oschanla beherrscht, dem Vater der Devas und Großvater aller Sterblichen. Bergdevas gehören zu den mächtigsten Mitgliedern der Engelhierarchie.

Oschanla und die ihn unterstützenden Devas sind überall auf Bergen und in Tälern zu finden, am konzentriertesten oben auf den Höhen und unten in den Tiefen. So wäre beispielsweise die tiefste Stelle des Death Valley in Kalifornien das Heim mächtiger devischer Wesen, ebenso der Gipfel des Mount Logan in Kanada oder des Mount Kosciusco in Australien. Berge vulkanischen Ursprungs sind besonders bedeutende Plätze devischer Macht, vor allem der Boden des Vulkankraters. Das heißt jedoch nicht, daß nicht auch auf den äußeren Hängen Devas anwesend sind – doch je näher dem Gipfel, desto größer ihre Macht. Aktive Vulkane mit ihrer ungeheuren geothermischen Aktivität sind Wohnungen äußerst mächtiger devischer Wesen, doch den Kontakt mit ihnen erlebt man besser aus einiger Distanz!

In einer Gebirgslandschaft findet man Devas am wahrscheinlichsten bei irgendwelchen ungewöhnlichen Spalten oder Felsformationen, großen zutage liegenden Schichten (Aufschlüssen), einer Schlucht, Senke oder Erhebung, die sich vom Gelände rundum abhebt. Dies gilt besonders für dramatische Veränderungen der Topographie wie Klippen oder Schluchten. Zwei herausragende Beispiele für solche Stellen sind die Kreidefelsen von Dover und der Copper Canyon in Mexiko.

Wälder und Bäume

In Brasilien sind Wälder und Dschungel der Herrschaftsbereich von Oschoschi, einem ruhelosen devischen Wesen, das mit Waldtieren und den Heilkräften von Arzneipflanzen verbunden ist. Wälder sind spezielle Orte zur Kommunikation mit Naturgeistern, besonders jenen, die sich der Entwicklung von Bäumen widmen. Wenn Sie einen Wald oder Park besuchen, sollten Sie vor allem auf Bäume achten, die irgendwie «anders» aussehen als die übrigen Vertreter ihrer Spezies, die sehr alt oder sehr groß und ausladend sind. Auch Bäume auf einem Berggipfel oder auf einem vorspringenden Punkt wie einer Landzunge, von der aus man ein Stück Meer oder See überblickt, können Orte mit starker devischer Energie sein. Ein derartiger Baum hebt sich von anderen Bäumen in seiner unmittelbaren Umgebung gewöhnlich sichtbar und/oder energetisch ab. Ein ungewöhnlich dichter Bestand älterer Bäume oder eine Gruppe von drei oder mehr Bäumen, die in einem Kreis, einem Dreieck oder Quadrat gepflanzt wurden, sind weitere Beispiele für Orte mit gesteigerter devischer Energie. Im Prospect Park in Brooklyn gibt es eine einzigartige Gruppe von neun kreisförmig gepflanzten Ulmen. Dieser inzwischen über fünfzig Jahre alte Baumkreis wirkt wie ein Magnet auf Menschen, die in einer strapaziösen städtischen Umgebung Frieden, Entspannung und Heilung suchen. Die Inspirationen und die Führung, die ich für dieses Buch brauchte, erhielt ich größtenteils von den devischen Wesen, die in jenem schönen Hain wohnen.

Ferner kann jeder Baum, der neben einem Gotteshaus, Schrein oder Denkmal steht, eine besondere Quelle devischer Kraft sein. Halten Sie außerdem Ausschau nach Bäumen, die bereits seit jeher von den dort lebenden Menschen als heiliger Baum, historischer Baum, Wunschbaum, Medizinbaum oder Baumschrein betrachtet worden sind. Die berühmte Angel Oak (Engelseiche) bei Charleston in South Carolina, der Colonel Armstrong Reedwood (Küsten-Mammutbaum) und der riesige Tulebaum (Mexikanische Zypresse) bei Oaxaca in Mexiko sind nur drei Beispiele für solche Bäume.

Das Meer

Eine starke Quelle für Heilkraft, Inspiration und devisches Bewußtsein vermag auch das Meer zu sein. Im Grunde ist es der Urgrund, aus dem der Mensch sich entwickelt hat. Viele von uns kennen Sagen über Poseidon, den Meeresgott der Griechen, und Neptun, den Meeresgott der Römer. Bei den Chinesen war das Meer die Domäne von Yü-Ch'iang, der auch ein Windgott ist. Die Inuits verehren die Göttin des Meeres, Sedna, die geachtet und gefürchtet zugleich ist; man glaubt, nur ein Schamane habe die Kraft, ihren Anblick zu ertragen.

In den Candomblé-, Umbanda- und Santería-Überlieferungen unterliegt das Meer der Herrschaft der Yemanjá, einer Verkörperung der mütterlichen Kräfte der Natur. Sie gilt als heiteres, friedliches Naturwesen, ist aber emotional unausgeglichen, hat ein heftiges Temperament und ein unversöhn-

Der Pazifische Ozean bei San Francisco, Kalifornien.

liches Naturell. Brasilianische Fischer achten Yemanjá und beten oft zu ihr, bevor sie aufs Meer hinausfahren.

Die meisten Menschen, die mit Yemanjá und ihren Helfern arbeiten, tun dies an der Küste oder in Küstennähe, weil sie dort sicherer vor ihr sind. Andere nehmen von Booten aus mit den Meerdevas Kontakt auf, auch beim Schnorcheln oder Tauchen mit Atemgerät. Schwimmer sollten besonders vorsichtig sein, wenn sie den Dialog mit Yemanjá aufnehmen, da immer auch die Gefahr besteht zu ertrinken, wenn man sich zu sehr auf die spirituellen Kräfte einläßt.

Die Energie des Meeres ist überall stark; für Besuche eignen sich fast alle Stellen entlang der Küstenlinie, aber größere Energiekonzentrationen treten gewöhnlich dort auf, wo eine Klippe, eine Schlucht oder ein Steilabbruch mit dem Meer aufeinandertreffen oder wo ein Fluß ins Meer mündet. Viel Energie findet sich außerdem an Stellen, wo der Meeresboden eine dramatische Tiefenveränderung aufweist, wie ein Kontinentalschelf, ein Graben oder ein Gebirge, vielleicht wegen der Anwesenheit der mit diesen geologischen Formen verbundenen Bergdevas. Sensible Schiffs- oder Flugreisende können von der Gegenwart solcher devischer Wesen beeinflußt werden.

Winde

Windige Orte vermitteln die erregendsten Erlebnisse, und man sucht am besten sie auf, wenn man neue Ideen braucht oder schwierige Probleme zu lösen hat. Warpulis war bei den vorchristlichen Slawen ein mächtiger Windgott, während die Jukun in Nigeria einen Windgott namens Awo verehren. Für die alten Japaner war Take-haya-susa-no-wo-no-mikoto der schrecklichste der Götter – es hieß, er sei «immer in Wut». Candomblé lehrt, daß Yansan die Göttin der Winde ist; sie steht in Verbindung mit Schango, dem Gott des Donners und der Stürme (auch der Höhlen, Klippen und großen Felsen).

Besonders präsent sind Winddevas an Stellen, wo die Winde ungewöhnlich aktiv sind, das heißt ständig, ununterbrochen wehen: in Cañons, bei Wasserfällen, auf Berggipfeln oder an der Meeresküste. Verbunden sind die Winddevas generell mit hochgelegenen Orten, was Bergsteiger und Fallschirmspringer bestätigen werden. Wenn Sie in einer Großstadt leben, können Sie Winddevas kontaktieren, indem sie sich auf das Flachdach eines hohen Gebäudes stellen. Wind, der mit einer dramatischen Veränderung von Wettermustern einhergeht (beispielsweise einem Unwetter oder Hurrikan), zeigt an, daß die normalerweise mit Winden verbundene devische Aktivität sich verstärkt. Falls Sie etwa bei einem Gewitter eine geschützte Stelle finden (an der Sie aber Elementen wie Wind und Regen nahe sind), sollten Sie die Chance eines leichteren Zugangs zu jenen devischen Wesen nutzen, die sich mit heftigen meteorologischen Aktivitäten befassen.

Der Vulkan Villarrica bei Pucón, Chile.

Feuer

Ein Vulkanausbruch oder ein Waldbrand bieten einzigartige
(und denkwürdige) Gelegenheiten zur Kommunikation mit
mächtigen Devas, aber Sie müssen natürlich aufpassen und
dürfen sich nicht leichtfertig in Gefahr bringen! Ungefähr-
lichere Orte zur Kommunikation mit Salamandern (Devas,
die mit dem Element Feuer assoziiert sind) sind Vulkane, am
besten halbaktive, denen man sich bedenkenlos nähern kann,
ferner thermische Phänomene wie Geysire, Fumarolen und
Thermalquellen. Die Erde ist reich an solchen speziellen Plätzen, besonders in Gegenden mit seismischer Aktivität. Weil
dort häufig auch chemische Prozesse ablaufen, fördern diese
Orte oft positive Bewußtseinsveränderungen, wie das Loslas-
sen alter Muster, die Formulierung neuer Ideen, die Entwicklung neuer Perspektiven, das Erleben einer Initiation und die
Aktivierung des Heilprozesses.

Was sollen wir anziehen?

Zu Beginn meiner Kommunikation mit Naturgeistern glaubte ich, es sei notwendig, bestimmte Farben zu tragen, um mit verschiedenen devischen Wesen spirituelle oder heilende Arbeit leisten zu können. Eines Tages fragte ich einen Deva, welche Farben er bevorzuge. Seine Antwort überraschte mich: «Was du tragen solltest, ist Bescheidenheit und Respekt.» Der Deva vermittelte mir den Eindruck, daß wir Menschen zuviel Gewicht auf die äußere Erscheinung legen, anstatt uns um den Zustand unseres Bewußtseins zu kümmern. Wie bereits erwähnt, reagieren Devas gewöhnlich am besten auf aufrichtige, von Herzen kommende Gefühle, denn dies ist der innere Resonanzort, von dem aus sie mit uns den Dialog aufnehmen. Wie wir aussehen oder gekleidet sind, interessiert sie nicht sonderlich.

Dennoch, verschiedene metaphysische Traditionen messen der Farbe der Gewänder für bestimmte Rituale oder religiöse Praktiken Bedeutung bei, und wenn auch unsere innere Haltung und unsere Gefühle bei der Kommunikation mit Naturgeistern das wichtigste sind, so können angemessene Kleidung (aus Naturfasern wie Baumwolle, Seide oder Wolle) und passende Schmuckstücke die heilige Arbeit doch unterstützen. Denken Sie daran, daß es hinsichtlich der Farben keine festen Regeln gibt. Außerdem schreiben verschiedene Kulturen und Religionen (nicht zu reden von einzelnen Menschen) ein und derselben Farbe verschiedene Bedeutungen zu. Im Westen beispielsweise wird Schwarz mit dem Tod assoziiert, in China dagegen ist dies Weiß.

Rot, die dynamischste Farbe des Spektrums, spielte in vielen früheren Kulturen eine wichtige Rolle. Die alten Griechen trugen rote Gewänder, um Opfer und Liebe symbolisch darzustellen, während die Hindus Rot mit dem Feuer assoziieren. Im alten China trugen Bräute an ihrem Hochzeitstag oft rote Kleider, weil Rot die Unschuld versinnbildlichte. Die Hebräer betrachteten Rot als ein Symbol sowohl für Opfer als auch für Sünde, während die Farbe bei den alten Ägyptern als

Hauptsymbol für Macht galt. Rot ist eine leidenschaftliche Farbe; weil sie das Gesamtniveau unserer Energie steigern und sexuelle Gefühle anregen kann, wird sie häufig mit Liebe, Leidenschaft und Romantik assoziiert. Rot ist körperbetont, männlich, dynamisch. Es ist eine Farbe des «Verantwortung übernehmen», eine «Yang»-Farbe. Man kann sie tragen, um Leidenschaft, Macht und Energie zu stimulieren. Candomblé lehrt, daß Rot die Lieblingsfarbe der ungestümen Deva Yansan ist, der Göttin der Winde und des Blitzes.

Gelb wird oft mit der Sonne assoziiert und ist die Farbe von Freunde, Kreativität, Humor und begrifflichem Denken. Die alten Griechen stellten das Element Luft durch diese Farbe dar und betrachteten sie als Symbol für Gott und Schöpfung. Candomblé identifiziert Gelb mit Oschun, der Göttin der romantischen Liebe, der Ehe und Fruchtbarkeit. Im Okkultismus gilt Gelb als die Farbe von Intellekt und Denkvermögen. Durch das Tragen gelber Kleidung kann man seinen mentalen Körper stärken und entwickeln. Außerdem fördert man mit gelber Kleidung Gefühle der Freude und unterstützt jede Form der Kommunikation.

Grün wird seit jeher mit Natur, Produktivität und immerwährendem Leben assoziiert. Es ist die Farbe von Expansion, Wachstum und Optimismus. In frühchristlichen Zeiten symbolisierte Grün Unsterblichkeit und war die bevorzugte Farbe für Heiligengewänder. Weil diese Farbe so eng mit der Erde verbunden ist, sahen die Druiden und andere naturorientierte Völker in ihr das Sinnbild des Lernens. Im Okkultismus wird Grün stark mit Heilung, Mitgefühl und Anpassungsfähigkeit assoziiert. Wahrscheinlich ist es die geeignetste Farbe, wenn Sie eine Beziehung kitten, heilen oder auch Gefühle der Harmonie, Expansion und Fülle hervorrufen wollen. Grün ist außerdem ideal als Kleidungsfarbe, wenn Sie Kontakt zu Devas suchen, die mit Bäumen und anderen Pflanzen verbunden sind.

Blau rangiert auf der Skala unserer Lieblingsfarben an zweiter Stelle, nach Rot. Blau symbolisiert Sensibilität, Aufnahmebereitschaft, Weisheit, Objektivität, Akzeptanz und die

Fähigkeit, mit anderen zu teilen. Es zierte häufig die Decken ägyptischer Tempel, und für die Druiden war Blau die Farbe der Harmonie und Wahrheit. Für die frühen Chinesen war es die Farbe der Frömmigkeit, während Blaßblau Frieden und Besonnenheit symbolisierte. Okkultisten lehrten, Blau sei mit Gefühlen der Hingabe und mit religiösem Mystizismus verbunden. Es stellt die spirituelle und weibliche Seite unseres Wesens dar, die «Yin»-Seite. Das Tragen blauer Kleidung kann inneren Frieden, Mitgefühl und Aufnahmebereitschaft stimulieren. Im Candomblé ist Hellblau die bevorzugte Farbe bei der Arbeit mit Devas des Waldes – dem Reich von Oschoschi –, Dunkelblau dagegen empfiehlt sich, wenn man sich an Ogun wendet, den mit zutage liegenden Eisenadern verbundenen Deva; Nanan, die Göttin der Seen, fühlt sich angeblich besonders zu der Energie von Menschen hingezogen, die Aquamarinblau tragen.

Purpur ist die Farbe des Wassermannzeitalters und mit einer Hingabe verbunden, in die sich Zuneigung mischt. Als Kombination des Maskulinen (Rot) und des Femininen (Blau) verkörpert diese Farbe sowohl sexuelle wie mystische Vereinigung. Bei den alten Juden symbolisierte Purpur in seiner bläulichen Schattierung, dem Violett, Großartigkeit und Würde, während die frühen Christen Purpur mit Leiden und Opfer assoziierten. Purpur ist auch mit Uranus verbunden, dem Planeten spirituellen Wissens. Heute gelten Purpurtönungen – darunter Violett und Lavendel – als «spirituelle» Farben, die zu Hingabe und spirituellen Gefühlen anregen.

Weiß, die Vereinigung aller Farben, wird seit jeher mit Reinheit assoziiert. Dem Vernehmen nach war Weiß die Farbe des ägyptischen Gottes Horus, der sowohl von den männlichen als auch den weiblichen Prinzipien des Universums geboren worden war. Bei den frühen Juden und Persern galt Weiß als die Farbe der Freude, und unter Christen war sie immer das Symbol von Keuschheit, Unschuld und Reinheit. Daß die alten Chinesen Weiß als die Farbe des Todes betrachteten, erwähnten wir bereits. Vom Weiß glaubt man, daß es alle Farben übertrifft. Wenn es in der menschlichen Aura aufscheint, bedeutet es «Wahrer Geist». Aus diesem Grund wird Weiß (entweder allein oder kombiniert mit anderen Farben) für die Arbeit mit Naturgeistern oder Devas empfohlen. Candomblé-Priester und -Priesterinnen raten zur ausschließlichen Verwendung von Weiß, wenn man mit dem Deva Oschanla (dem Orischa der Berge) oder mit Yemanjá (der Göttin der Meere) arbeitet.

Gold, Orange, Braun und *Grau* entstehen durch Mischung einiger der oben erwähnten Grundfarben und haben mit diesen oft eine Reihe symbolischer Bedeutungen gemein. Je nach Kombination können sie die Intensität einer Grundfarbe mindern oder steigern. Die Farbe Orange beispielsweise intensiviert angeblich die mentalen Eigenschaften von Gelb, während es gleichzeitig die rohe Kraft von Rot dämpft und vergeistigt. Eng verbunden ist Orange mit Mut, Erleuchtung, Ernte und Manifestation.

Schwarz, eine «Farbe», die in Wirklichkeit das Fehlen von Farbe und Licht bedeutet, steht in enger Beziehung zu Tod, Vernichtung, Schutz und Geheimnis. Die frühen Christen betrachteten Schwarz als Symbol von Tod und Regeneration, während es bei den amerikanischen Ureinwohnern die Unterwelten versinnbildlichte. Astrologen glauben, Schwarz sei mit dem Planeten Saturn und mit dem Tierkreiszeichen Steinbock verbunden – beides Symbole für Eingeweihtsein und Selbstverwirklichung. Schwarze Kleidung kann sehr intensiv wirken und tendiert dazu, die negative Seite unseres Naturells bzw. unsere Schattennatur zu betonen. Wie wir in einem späteren Kapitel erörtern werden, kann eine vom unerkannten und ungelösten Schatten-Selbst verursachte Resonanz bei unserer Arbeit mit Bewohnern der feinstofflichen Reiche Schwierigkeiten verursachen. Aus diesem Grund wird schwarze Kleidung generell *nicht* empfohlen, wenn wir Kontakt zu Naturgeistern suchen.

Einige von uns kennen «ihre» Farben ganz genau. Ich selbst neige dazu, jeden Tag eine andere Farbe zu tragen, aber ich finde, daß Marineblau und Weiß «meine» Farben sind, wenn ich irgendeine ernsthafte spirituelle Arbeit in Angriff nehme will. Welche Farben auch immer die Ihren sein mögen: Weiß ist stets gut im Rahmen unserer Gesamtausstattung, wenn wir mit den devischen Wesen arbeiten möchten.

Die bewußte Beachtung unserer Kleidungsfarbe ist ein zusätzliches Hilfsmittel, uns auszudrücken und den Dialog mit den Devas zu erleichtern. Darum sollten wir die Farben, die wir tragen, immer sorgfältig auswählen, besonders wenn wir die Absicht haben, mit den feinstofflichen Aspekten der Natur zu arbeiten, denn schließlich sind auch wir Bestandteil der universellen Energien, die dabei im Spiel sind.

Was sollen wir mitbringen?

Manche Menschen fühlen sich wohl, wenn sie beim Besuch der Naturgeister Schmuck tragen oder Kristalle dabeihaben. Kristalle sind keine tote Materie, sondern sehr dichte lebende Formen mit einem spezifischen Schwingungswert, der ihre Existenz kennzeichnet. Die Medizinmänner der amerikanischen Ureinwohner haben oft *Quarzkristalle* in ihren Arzneitaschen oder tragen sie als Schmuck, weil diese Kristalle bestimmte wohltuende Energien aussenden. Michael Harner erklärt in *Der Weg des Schamanen*, daß bei den Schamanen von Südamerika bis Australien ein Quarzkristall als das stärkste Kraftobjekt gilt, vor allem wegen seines Rufs als Geisthelfer, bei dem materielles und spirituelles Naturell einander entsprechen. Die Wirajeri in Australien glauben, daß Quarzkristalle einen Schamanen befähigen, den außerordentlichen geistigen Zustand der Klarsichtigkeit zu erlangen. Als heilige Gegenstände verdienen die Kristalle unsere Aufmerksamkeit und Achtung.

Kristalle kann man als Ringe, Anhänger oder Ohrringe tragen oder einfach in die Hand nehmen, und wenn sie im Rahmen irgendeines heiligen Rituals Verwendung finden sollen, empfiehlt es sich, sie zuvor von den Energien zu reinigen, denen sie bei ihrem Abbau, ihrer Bearbeitung, ihrem Transport und Verkauf ausgesetzt waren. Die einfachste Art der

Reinigung besteht darin, den Kristall in Salzwasser zu legen und das Gefäß sieben Tage lang in die Sonne zu stellen. Nachdem Sie den Kristall mit klarem Wasser abgespült haben, könnten Sie ein Gebet sprechen, zusammen mit einer Bekräftigung, aus der hervorgeht, wie Sie den Kristall gern benutzen würden: «Ich bete darum, daß dieser Kristall mir hilft, verwurzelt zu bleiben und immer lautere Absichten zu haben.» Dieser Akt der «Programmierung» des Kristalls macht ihn angeblich wirksamer.

Klarer Kristall hilft dem Vernehmen nach, uns mit den höheren und/oder tieferen Bewußtseinsebenen zu verbinden, während *Amethyst* (purpurfarbener Quarz) in dem Ruf steht, den Geist zu beruhigen sowie zur Umwandlung und Umformung von Energie beizutragen. *Citrin* (gelber oder orangefarbener Quarz) wird oft dazu verwendet, unsere Intuition zu stärken und uns vor negativen psychischen Energien zu schützen. *Rosenquarz* dient zur Öffnung des Herzens und zur Beruhigung der Gefühle, während *Rauchquarz* für Verwurzelung und geistige Klarheit gut ist. Sehr häufig benutzen Menschen eine Kombination mehrerer solcher Steine. Die Untersuchung von Kristallen (und die Art, wie man mit ihnen arbeitet) ist faszinierend. Für den, der mehr über ihre Geheimnisse erfahren möchte, gibt es eine ganze Reihe informativer Bücher zum Thema zu kaufen.

Wenn Sie religiöse Gegenstände – Kreuze, Heiligenbilder, Ikonen und ähnliches – mitbringen wollen, tun Sie es. Sie dienen dazu, das Bewußtsein zu erweitern und uns zu befähigen, unsere Energien zu verfeinern. Außerdem können sie ein Gefühl von Beschütztsein und Verwurzeltsein vermitteln.

Materielle Opfer sind für Devas nicht erforderlich. Weil sie feinstoffliche Wesen sind, konzentrieren sie sich mehr auf die Energie, die wir zu ihnen mitbringen, als auf ein greifbares Opfer. Respekt, Liebe und Staunen gelten als die besten Gaben, die ein Mensch einem Deva darbieten kann, und werden von den Empfängern sehr geschätzt. Doch auch jede physische Gabe, die von Herzen kommt, wird gewürdigt (mehr darüber im nächsten Kapitel.)

Wenn Sie in einer abgelegenen Gegend mit einem Natur-geist arbeiten, ist es immer ratsam, praktische Dinge wie Verbandszeug, Taschenlampe, Kompaß, Insektenschutzmittel, Sonnenschutzcreme und ein Taschenmesser dabeizuhaben. Nehmen Sie auch genügend Proviant und Wasser mit, falls Sie länger als ein paar Stunden bleiben wollen. Ich stecke für meinen Dialog mit Devas immer einige Kugelschreiber und ein Notizbuch ein, weil ich durch Schreiben oft Führung und Inspiration erhalte. Andere nehmen vielleicht lieber ein geeignetes Buch wie die Bibel, ein Gebetbuch oder einen Gedichtband mit. Wer gern malt oder zeichnet kann seinen Skizzenblock und Stifte, Farben oder Kreiden einpacken, während ein Musikfreund für den Besuch bei Devas vielleicht lieber ein Musikinstrument wählt.

Nehmen Sie vor allem ein Gefühl der Offenheit und des Staunens auf Ihren Ausflug mit, und trachten Sie danach, für alles aufgeschlossen zu sein. Das Erlebnis einer Kommunikation mit dem Engelreich ist sowohl ein Abenteuer als auch ein Privileg. Für viele Menschen dürfte es eine der intimsten und lohnendsten Erfahrungen ihres Lebens sein.

8 Anrufung der Devas

Das Ideal der Brüderlichkeit ist, Engel und
Menschen, zwei Zweige der unendlichen Familie
Gottes, zu enger Zusammenarbeit zu verleiten.
Geoffrey Hodson

Wir erwähnten bereits, daß das Betreten des Herrschaftsbe-
reichs von Devas in mancherlei Hinsicht einer ersten Reise in
ein fremdes Land ähnelt. Wir haben einen Wald, einen Park
oder einen Wasserfall vielleicht schon viele Male besucht, aber
jetzt tun wir es mit einem geschärften Gefühl für die tieferen,
subtileren Realitäten an einem bestimmten Ort. Der Eindruck
von Neuheit und eine gewisse Erregung erwachsen aus der
Veränderung unserer Perspektive. In diesem Kapitel wollen
wir einige Werkzeuge untersuchen, die es uns erleichtern,
Energien von Naturgeistern zu beschwören und in uns selbst
ein Gefühl der Offenheit hervorzurufen, damit wir empfänglicher werden für diese Energien.

Reinigung und Ausrichtung

Vor dem Aufbruch ins Reich von Naturwesen sollten Sie
duschen, um sowohl Ihren Körper als auch Ihr Energiefeld zu
reinigen. Stellen Sie sich während des Duschens vor, wie Ihr
ganzes Wesen von dem fließenden Wasser reingewaschen
wird. Vielleicht wollen Sie sich auch «einräuchern», also Ihr

Energiefeld reinigen, indem Sie sich in heiligen Rauch hüllen (ein Ritual, das von so verschiedenen geistigen Richtungen wie der römisch-katholischen Kirche und Gemeinschaften der amerikanischen Ureinwohner praktiziert wurde und wird). Salbei (erhältlich in Apotheken, Drogerien und Naturkostläden) wird besonders gern verwendet, entweder allein oder zusammen mit Süßgras, Kiefernnadeln oder Zedernspänen. Geben Sie etwas Salbei in eine Schale, zünden Sie ihn an und fügen Sie dann nach und nach kleine Mengen anderer Zutaten Ihrer Wahl hinzu. Vielleicht wollen Sie auch beten, während Sie den Salbei anzünden. Lenken Sie den aufsteigenden Rauch mit Hilfe Ihrer Hände oder einer Feder auf Ihren Kopf, Ihr Gesicht, Ihre Arme, Ihre Brust, Ihren Rücken, Ihre Beine und Füße. Sie können sich auch von einem Partner oder eine Partnerin auf diese Weise «beräuchern» lassen.

Natürlich können Sie auch im Handel erhältliches Räucherwerk verwenden. Jeder Räucherwarentyp fördert bestimmte spirituelle Eigenschaften; wählen Sie also Ihre Räucherkerzen oder -stäbchen entsprechend der Art der Arbeit, die Sie mit den Devas verrichten wollen.

Sandelholz stimuliert die Intuition und weckt das Verlangen, mit höheren Existenzbereichen zu verschmelzen.

Weihrauch (Olibanumöl) ermöglicht spirituelle Erkenntnis und trägt dazu bei, Geist und Gefühl zu erheben.

Moschus erregt die Urinstinkte und befähigt uns, in engeren Kontakt mit unserem natürlichen Selbst zu kommen.

Patschuli weckt den Wunsch nach Transformation.

Lotos löst das Verlangen nach Meditation aus und stärkt Vertrauen und Aufnahmefähigkeit.

Lavendel fördert das Gleichgewicht zwischen Yin und Yang und die Beruhigung der Gefühle.

Kommerziell hergestellte Räucherwaren sind zwar leicht zu besorgen, in der Regel jedoch durch viele Hände gegangen, angefangen vom Sammeln der Zutaten über Herstellung, Verpackung und Transport bis zum Verkauf. Oft hinterlassen die Besitzer dieser Hände auf der Räucherware Spuren ihrer Energien, die natürlich von ihren Gefühlen und Gedanken beim Umgang mit der Ware geprägt sind. Darum empfiehlt es sich, die Räucherware zu «entmagnetisieren», bevor Sie sie zu einem heiligen Zweck wie der Unterstützung des Meditierens oder der Reinigung Ihres Energiefeldes verwenden.

Es gibt eine einfache, wirksame Methode, ein Räucherstäbchen zu entmagnetisieren. Bilden Sie mit Daumen und Zeigefinger einen Kreis. Dadurch entsteht ein konzentriertes Energiefeld. Führen Sie das Räucherstäbchen mit der anderen Hand langsam durch den Kreis. Auf diese Weise «imprägnieren» Sie das Stäbchen mit Ihrer eigenen Energie. Sie können aber auch beim Anzünden der Räucherware ein Gebet sprechen.

Bevor Sie aufbrechen, um mit Naturgeistern in Kontakt zu treten, sollten Sie vielleicht eine neue weiße Kerze anzünden, die während Ihrer Abwesenheit zu Hause brennt. Richten Sie beim Anzünden der Kerze ein Gebet an den Schöpfer und Ihre geistigen Führer und bitten Sie sie um Schutz und Unterstützung. Sorgen Sie dafür, daß die brennende Kerze an einem sicheren Ort steht, während Sie weg sind, damit Sie bei Ihrer Rückkehr auch noch ein Zuhause vorfinden.

Meditation

Oft wird eine «Zeit der Ausrichtung» empfohlen, bevor man das Reich der Naturgeister betritt. Meist erfolgt sie in Form einer Meditation oder eines Gebets, wobei wir danach streben, unsere Gedanken und Gefühle auf unser tiefstes Wesen oder unseren «Kern» zu konzentrieren. Das können wir zu Hause, vor dem Aufbruch, machen und nach Betreten des heiligen Orts der Devas wiederholen. Die nachstehende Methode ist eine von vielen, die sich hierfür eignen; sie läßt sich jederzeit entsprechend Ihren persönlichen Bedürfnissen und Zielen abwandeln.

1. Suchen Sie sich einen angenehmen Platz, an dem Ruhe herrscht und Sie allein sind.

2. Nehmen Sie eine bequeme Stellung ein: Setzen Sie sich auf einen Stuhl oder mit gekreuzten Beinen (Lotosstellung) auf ein Kissen/einen Teppich. Im Freien können Sie sich an einen Baumstamm lehnen oder sich auf den Boden legen.

3. Wählen Sie, falls Sie mit offenen Augen meditieren möchten, etwas Einfaches wie eine Kerze, eine Blume, ein religiöses Symbol oder einen anderen schönen Gegenstand, und konzentrieren Sie Ihren Blick darauf. Dies verhindert, daß Ihre Gedanken umherschweifen. Falls Sie die Augen geschlossen halten, versuchen Sie, sich ein Feld weißen Lichts vorzustellen.

4. Beginnen Sie langsam und tief zu atmen, seien Sie sich Ihres Atems bewußt, wenn er in Ihren Körper eintritt und wieder austritt. Falls Ihr Geist zu wandern beginnt und sich anderen Gedanken zuwendet oder Außengeräusche Sie stören, lenken Sie Ihre Aufmerksamkeit behutsam auf Ihren leichten, natürlichen Atemrhythmus zurück. Wenn Sie Schwierigkeiten haben, Ihren Geist auf Ihren Atem zu konzentrieren, zählen Sie bei jedem Einatmen und Ausatmen bis zehn; beginnen Sie dann von vorn.

5. Während Sie sich physisch entspannen, können verschiedene Gefühle kommen und gehen. Unterdrücken dürfen Sie diese Gefühle nicht, doch allein schon der Akt ihrer ruhigen Beobachtung müßte ihnen die Intensität nehmen.

6. Nach und nach sollten Sie die Vorstellung des «Einssein mit allen Wesen» intuitiv erfassen und dann visualisieren. Drücken Sie Ihren Wunsch aus, heute die Realität des Einsseins als integralen Bestandteil Ihres Lebens zu erfahren. Sagen Sie stumm oder laut: «Ich bete darum, mein Einssein mit der Natur heute zu erkennen.» Wiederholen Sie diese Visualisierung mehrmals langsam. Sie können auch andere Wünsche oder Sehnsüchte ausdrücken, die Sie während dieses Tages in Ihr Leben integrieren möchten. Der Vorgang ist etwa so, als würden Sie «eine Absichtserklärung ans Universum senden».

7. Nachdem Sie Ihrer Hauptvisualisierung Ausdruck verliehen haben, müssen Sie sich entspannen und wieder aufnahmefähig werden. Atmen Sie mindestens drei Minuten lang entspannt und tief, spüren Sie bewußt in Ihrem Körper, nahe dem Herzen, wie es ist, im Einssein zu leben. Spüren Sie, wie dieses Gefühl in den Raum strömt, in dem Sie sich befinden, in die Umgebung und weiter hinaus in die Welt. Beenden Sie Ihre Meditation langsam und schweigend.

Betreten des Reichs

Sie sind nun in der Nähe des Orts, den Sie besuchen wollen. Nehmen Sie sich ein paar Augenblicke Zeit, um sich zu verwurzeln. Machen Sie sich irgendwelche Bedürfnisse, die Sie zur Zeit haben, besonders bewußt. Benennen Sie diese Bedürfnisse im stillen oder fassen Sie sie in Worte. Dies wird sofort eine Resonanz erzeugen, auf die ein oder mehrere Devas reagieren können, und es wird Sie zu dem im Augenblick für Sie geeignetsten Naturwesen führen.

Nähern Sie sich eingedenk all dessen dem Reich der Devas voller Respekt. Sie sollten ein Gefühl haben, als beträten Sie das Heim eines anderen Menschen zum erstenmal, und so ähnlich ist es ja in der Tat. Die meisten tun das in respektvollem Schweigen, während andere beim Gehen leise summen, singen oder pfeifen. Devas mögen im allgemeinen Musik, verabscheuen jedoch meist laute Töne wie Rufen, dissonante Musik und Lärm von Gewehren, Motorrädern oder Maschinen. Normalerweise ist es am besten, respektvoll zu schweigen, besonders beim ersten Besuch.

Während Sie sich dem Reich eines Naturgeistes nähern, spüren Sie seine Energie möglicherweise schon aus einer Entfernung von mehreren Metern. Bitten Sie um Erlaubnis, bevor Sie das Energiefeld des Devas betreten. Wenn Sie das Gefühl haben, nicht willkommen zu sein, ist es besser, anderswohin zu gehen. (Nehmen Sie so etwas nicht persönlich. Der Deva hat vielleicht eine andere Arbeit zu erledigen und im

Moment kein Interesse daran, sich mit einem Menschen zu treffen.) Wenn Sie jedoch spüren, daß Sie willkommen sind (dies ist in der Regel der Fall, sofern Sie die oben beschriebenen Vorbereitungen getroffen haben), seien Sie dankbar, dort sein zu können, wo Sie im Augenblick sind.

Öffnen Sie sich beim Betreten des Deva-Reichs für alles, was sich ereignen kann. Manche von uns haben vielleicht vorgefaßte geistige Bilder von dem, was sie gern geschehen sähen oder was sie glauben, daß geschehen wird, oder wofür sie Zeit hätten, falls es zur Arbeit mit Naturwesen kommt. Mit anderen Worten: Wir wollen die geistige Kontrolle über unsere Erfahrung behalten. Falls Sie merken, daß bei Ihnen diese Tendenz besteht, bemühen Sie sich noch einmal um Ausrichtung und Verwurzelung und sprechen Sie in etwa: «Ich bete darum, zu empfangen, was ich zum gegenwärtigen Zeitpunkt brauche» oder (an die Devas gewandt): «Ich bete darum, imstande zu sein, euch mein Bestes zu geben.»

Opfergaben

Eine Opfergabe können Sie vor der Kommunikation mit dem Deva darbringen oder nachdem diese stattgefunden hat. Wie im letzten Kapitel erwähnt, sind solche Gaben keine *Bedingung* für die Arbeit mit Naturwesen, weil die von uns mitgebrachte Energie das ist, worauf Devas am ehesten reagieren. Doch in vielen Stammeskulturen wird unter anderem geweihter Tabak als Opfergabe im Rahmen religiöser Zeremonien (und als Geschenk ganz allgemein) verwendet; damit bringen sie sowohl physisch als auch spirituell Ehrerbietung, Achtung und Dankbarkeit zum Ausdruck. Am besten eignet sich dafür ein Tabak, der so wenig wie möglich chemische Zusätze enthält. Sie können den Tabak in dem Deva-Gebiet respektvoll verteilen oder ihn in einen Fluß oder rund um einen Baum streuen. Wenn Sie sich an einem windigen Ort befinden, öffnen Sie einfach die Hand und lassen den Tabak von den Winden davontragen!

Schnittblumen oder kleine persönliche Gegenstände wie Münzen, Schmuck, Metallobjekte, Kristalle, Nahrung oder bunte Stoffstücke werden von Naturgeistern immer geschätzt, wenn man sie voll Aufrichtigkeit darbietet. Einige religiöse Traditionen wie Candomblé oder Santería verlangen ganz bestimmte und auf ganz bestimmte Weise vorbereitete Opfergaben – zum Beispiel Kerzen von einer speziellen Farbe oder ausgewählte Nahrungsmittel, die in Schalen von vorgeschriebener Farbe oder auf Stoffstücken oder Matten in der von dem jeweiligen Naturwesen bevorzugten Farbe dargebracht werden.

Zu den traditionellen Candomblé-Opfergaben für Yemanjá, den Orischa des Meeres, gehören weiße Blumen (besonders Rosen), weiße Kerzen und ein liebliches Parfüm. Eine der üblichen Methoden verlangt, daß man am Strand ein Loch in den Sand gräbt, in das man dann die Kerzen und Blumen legt. Ihr Opfer können Sie aber auch darbringen, indem Sie einfach mit einem Strauß weißer Blumen ins Meer gehen. Richten Sie Ihr Gebet an Yemanjá, sobald Sie ins Wasser gestiegen sind, und zählen Sie die Wellen, die vorbeirollen. Wenn die siebte Welle vorbei ist, werfen Sie Ihre Blumen (entweder alle auf einmal oder eine nach der anderen) in die Brandung, damit Yemanjá sie empfängt.

Wer mit Oschoschi Kontakt aufnehmen will, dem Naturgeist von Gebieten mit Baumbestand, Wäldern und Obstgärten, kann Opfergaben aus Schnitzen von Kokosnußfleisch und grünen sowie roten Früchten – zum Beispiel Äpfel, Pfirsiche, Avocados und Papayas – in einer weißen Schale darbieten, die auf einem weißen oder hellblauen, speziell für diesen Zweck ausgewählten Tuch steht. Auch gekochtes rotes Getreide (falls verfügbar) empfiehlt sich, zusätzlich zu weißen und hellblauen Blumen sowie weißen oder blauen Kerzen, die in weiße oder transparente Kerzenhalter gesteckt werden. Die Blumen sollten in einer weißen oder transparenten Vase stehen oder können einfach um die Fruchtschale herum angeordnet werden.

In der Zeremonie zu Ehren Oschoschis werden die Opfer-

Opfergabe für Oschanla – gekochter Reis, weiße Blumen und weiße Kerzen –, dargeboten auf einem weißen Tuch.

gaben normalerweise vor der Kontaktaufnahme mit dem Naturgeist dargebracht, während man bei Yemanjá die Gaben während der Kommunikation präsentieren kann. Die Entscheidung, wann Sie Ihr besonderes Geschenk offerieren, hängt von Ihrer Intuition ab. Falls zu Ihren Opfergaben auch Kerzen gehören – was nicht zu empfehlen ist, wenn auch nur die geringste Feuergefahr besteht –, lassen Sie bitte äußerste Vorsicht walten.

Manche Orte, vor allem jene, die häufig von Menschen besucht werden, sind vielleicht mit Dosen, Einwickelpapier, Nahrungsresten und anderem Unrat übersät. Nehmen Sie sich ein paar Minuten Zeit, und säubern Sie den Ort. Dies oder auch eine Arbeit zum Schutz des realen Gebiets, in dem das Energiefeld des Naturwesens, das uns helfen soll, liegt, ist ein bedeutsamer Ausdruck unserer Sorge und unseres Respekts. Eine Opfergabe solcher Art ist vielleicht wertvoller als jede andere. Sie wird von den Naturgeistern sehr geschätzt und trägt zur Knüpfung eines Bandes fürsorglicher Freundschaft bei. Durch eine Äußerung von Fürsorge und Sorge erreichen wir eine höhere Ebene unseres Bewußtseins. Als Folge davon wird der Kontakt mit Devas erleichtert.

Invokationen

Einen Naturgeist kann man auf vielerlei Arten anrufen; doch wenn Sie im Reich der Devas sind, müssen Sie sich als erstes verwurzeln. Stellen oder setzen Sie sich so hin, daß Sie Kontakt mit der Erde haben, damit Sie ausgerichtet, aufmerksam und innerlich ruhig werden. Manche Menschen schließen die Augen, atmen tief und sitzen in Meditationshaltung ruhig da, offen für jede Kommunikation, zu der es vielleicht kommt. Andere beten, singen oder bitten aktiv um Hilfe.

Beim Betreten des Devareichs sollen Sie auch Verbindung zu Ihren Gefühlen haben. Bestehen Sie nicht darauf, bei Ihrem Kontakt mit der Natur eine vorgeschriebene geistige Haltung einzunehmen. Als ich einmal in der Nähe eines Baums im Botanischen Garten von Lankester in Costa Rica saß, konnte ich die Meinung der Devas zu diesem Punkt ganz unmittelbar notieren:

> Die emotionale Verbindung, die jemand zur Natur spürt, ist äußerst wichtig. Emotion ist eine der Hauptkomponenten eures Menschenwesens. Sie dient als Antrieb und «Brücke», die es euch ermöglicht, in neue Sphären des Verstehens, neue Bewußtseinsebenen und neuen Existenzebenen vorzustoßen.
>
> Wir appellieren an euch, eure Emotionen nicht zu unterdrücken, wenn ihr mit der Natur Kontakt aufnehmt. Wir wollen nicht, daß ihr euch diesem Aspekt eurer Beziehung zu uns entzieht. Die emotionale Verbindung ist lebenswichtig. Devas und Menschen sind viel tiefer miteinander verbunden, als ihr glaubt, und diese Beziehung reicht weit in die Vergangenheit zurück. Die Urverbindung zwischen euch Menschen und uns Baumdevas ist alt und von Dauer. Sie wird erst jetzt wiederentdeckt, wo ihr zu erkennen beginnt, wie weit ihr euch von uns entfernt habt. Wenn euch also danach ist, mit einem Baum zu kommunizieren, ist das ungefähr so, als sehe man jemanden, den man liebt, nach langer Trennung wieder. Du spürst deine Sehnsucht und die Freude über die Wiederherstellung deiner Verbindung mit uns. Spüre also diese Verbindung. Erlebe deine Freude!

Geoffrey Hodson formulierte für die Kommunikation mit einem Baumdeva eine einfache Anrufung, die man im vollen Bewußtsein ihrer Bedeutung äußern sollte: «Sei gegrüßt, schöner Baum. Unser [mein] Leben ist eins mit dem deinen.» Diese Anrufung läßt sich wahrscheinlich auch zur Kontaktaufnahme mit anderen Devas verwenden. Weitere geeignete Gebete und Begrüßungen enthalten folgende Wendungen: «Ich komme im Geiste des Einsseins zu dir»; «Meine innerste Liebe ist in Einklang mit deiner innersten Liebe»; «Wir sind beide eins mit dem Großen Geist». Ihr Gebet kann auch ausdrücken, daß das, was Sie empfangen werden, Ihnen im Heilungsprozeß hilft – egal ob es sich dabei um Ihre persönliche Heilung oder um die Heilung der Beziehung zwischen Ihnen und der Natur handelt.

In seinem klassischen Werk *Brotherhood of Angels and of Men* brachte Hodson eine spezielle Anrufung, die man benutzen sollte, wenn man Gemüse, Blumen oder Bäume pflanzt:

Heil, Devas der Erde und des Himmels!
Kommt uns zu Hilfe.
Gebt unseren Feldern Fruchtbarkeit,
Gebt unseren Samen Leben,
Damit diese Erde fruchtbar sei.
Heil, Devas der Erde und des Himmels!
Kommt uns zu Hilfe;
Teilt mit uns die Mühen unserer Welt,
Damit die Göttlichkeit in ihr freigesetzt werden kann.

Natürlich können Sie auch Gebete sprechen, die Sie kennen – wie das Vaterunser, das Ave-Maria oder die Gayatri. Lobgebete an den Großen Geist oder die Universale Gegenwart sind besonders hilfreich bei der Anrufung devischer Energie. Der Sufismus kennt ein besonders schönes Lobgebet:

Das Dunkel der Nacht und die Helligkeit des Tages, die Strahlen der Sonne und das Licht des Mondes, das Murmeln der Wasser und das Wispern der Blätter, die Sterne am Himmel und der Staub auf der Erde, die Steine der Berge, der Sand der Wüsten und die Wellen des Meeres, die Tiere zu Wasser und zu Lande preisen Dich.

In Brasilien singen Gläubige Bekräftigungshymnen für verschiedene Orischa, um intuitiv den Kontakt mit ihnen oder ihren Helfern zu beschwören. Hier eine spezielle Hymne für Oschanla, den Gott der Berge:

Oxalá meu pai
Tem pena de nos tem do...
A volta da terra e grande
E teu poder ainda e maior...

Oschanla, mein Vater,
hab Mitleid und Erbarmen mit uns...
Der Weg um die Welt ist weit,
Und deine Macht reicht noch weiter...

Wenn Sie meditieren, möchten Sie vielleicht eines der lobprei-
senden Mantras (heilige Silben) rezitieren wie «Om», «Om
namah Shivaya», «Baroch Ha Shem» oder «Inschallah». Werden die Mantras sorgfältig und voller Respekt rezitiert, befähigen sie uns, Energien anzuziehen, die auf segensreiche Weise
mit unserem höheren Selbst in Resonanz treten.

Diese Beschwörungen, die keinen festgesetzten Schluß haben, bieten ein hohes Maß an Sicherheit, weil sie in Liebe und
Achtung wurzeln. Sie sind auf Herz und Geist ausgerichtet
und enthalten keine spezifischen Bitten. Wenn wir später
«unser» Naturwesen anrufen, werden wir immer noch Zeit
haben, gezielte Fragen zu stellen.

Da die Naturwesen eine Hierarchie bilden, werden wir
wahrscheinlich einen elementaren Geist oder Naturgeist anziehen, dessen Energie der unseren entspricht. Die Beschwö-
rung der ganzen Kraft eines Bergdevas beispielsweise könnte
bedeuten, daß wir Zugang zu einem sehr hohen Energieniveau
erhalten, dem wir nicht gewachsen wären, würde es uns auf
einmal zuteil. Für unsere Computer und Geräte verwenden
wir einen Überlastungsschutz, um zu verhindern, daß sie
durch plötzliche Elektrizitätszufuhr zerstört werden; in ähnli-
cher Weise hilft uns die Arbeit mit rangniederen Devas, vom
Kontakt mit devischen Bereichen nicht überwältigt zu werden. Weil diese Naturgeister in direkter Verbindung zu den
ranghöheren stehen, werden die Energie und die Weisheit
jener Devas von ihnen «heruntertransformiert», so daß wir sie
leichter assimilieren können.

Manche Menschen rezitieren spezifische Mantras, um Devas anzurufen, die den Elementen Feuer, Wasser, Luft und Erde assoziiert sind. Ein großer Teil dieser Mantras wird von den Schamanen, Priestern, Priesterinnen und Medizinmännern geheimgehalten. Man hütet sie sorgfältig, weil sie große Macht verleihen können. Wie ein plötzlicher Spannungsanstieg für ein überladenes Schaltbrett, so kann auch eine hohe Konzentration an devischer Energie für eine darauf nicht vorbereitete Person sehr gefährlich sein.

Mantras ziehen devische Energie eigentlich nicht durch Liebe und Achtung an, sondern basieren auf einer mehr geistig orientierten Einstellung zur Invokation. Falls bei uns nicht ein hoher Grad an Integration unseres physischen, emotionalen, mentalen und spirituellen Naturells besteht, könnten mantrische Invokationen mehr Macht anziehen, als wir ungefährdet verkraften. In *Letters on Occult Meditation* spricht Alice Bailey die Gefahren einer Anrufung von Devas mittels spezifischer Mantras an:

Wie man sich vorstellen kann, ist die Anrufung der Devas oder der Naturgeister nur gefahrlos, wenn sie jemand vornimmt, der die Kraft hat, sie weise einzusetzen, nachdem er sie angerufen hat; deshalb sollten bestimmte Mantras nur in die Hände jener gegeben werden, die auf der Seite der konstruktiven Kräfte des Systems stehen oder destruktive Elemente konstruktiv kontrollieren und in Einklang mit den desintegrierenden Kräften bringen können, die selbst Bestandteil des großen konstruktiven Schemas sind. Sollte es irgend jemandem, der diese Fähigkeit nicht hat, gelingen, Kontakt zu den Devas aufzunehmen und sie durch die Anwendung von Mantras um sich zu versammeln, würde er feststellen, daß die Kraft, über die sie verfügen, als destruktive Kraft auf ihn niederginge, und das könnte ernste Konsequenzen nach sich ziehen.

Negatives anziehen

Zum Thema «Invokation devischer Energien» sind einige weitere warnende Worte über den Umgang mit größeren Energiemengen und den an sich segensreichen feinstofflichen Kräften nötig. Wir erwähnten bereits, daß die feinstofflichen Existenzebenen genau wie die physische Ebene von einer Vielzahl lebender Formen bevölkert sind. Einige stehen auf höheren Entwicklungsstufen als andere, die Bewußtseinsebenen und Integrationsgrade sind unterschiedlich. Wie vielleicht einige Menschen, so könnten auch einige Bewohner der feinstofflichen Ebenen versuchen, ihre wahre Natur zu verbergen, um uns für ihre Zwecke auszunutzen. Auf der feinstofflichen Ebene gilt ebenso wie auf anderen Existenzebenen: «Gleich und gleich gesellt sich gern.» Dies bedeutet, daß wir meist bei ähnlichen Energien auf den feinstofflichen Ebenen auf Resonanz stoßen und diese Energien anziehen. In dem Maße, in dem wir die divergierenden Aspekte oder «Schattenseiten» unserer Natur nicht erkannt, sie uns nicht eingestanden und damit auch nicht integriert haben, laufen wir Gefahr, bei unserer Arbeit mit Devas negative Energien anzuziehen. Machtliebe (besonders die Tendenz zu physischer Macht), Stolz und Isoliertheit sind drei der verbreitetsten Probleme, mit denen der Mensch zu kämpfen hat, gefolgt von mangelndem Selbstwertgefühl, sexuellen Schwierigkeiten und nicht bewältigten Traumata.

Wenn wir uns mit spirituellen Praktiken befassen, öffnen wir uns häufig Energien, die unser ganzes Wesen erfassen, auch die divergierenden oder entfremdeten Bereiche. Läßt sich das Negative nicht länger unterdrücken oder verdrängen, kann es zerstörerisch wirken. Je mehr wir unser Schattenselbst ignorieren oder verleugnen, desto größer ist das Risiko bei der Invokation der Devamacht.

Indem wir unsere divergierenden Energien erkennen und sozusagen wieder «in der Familie» willkommen heißen, können wir sie in positive Komponenten transformieren. Außerdem wird die Kraft, die für die Leugnung und Unterdrückung negativer Energien aufgewendet werden muß, freigesetzt und steht nun für produktive Aktivitäten zur Verfügung. Gleichzeitig schützt uns die so gewonnene Selbsterkenntnis vor negativen Energien.

Die vorhergehenden Kapitel sollten helfen, Selbstbewußtheit, Mitgefühl und Bescheidenheit zu entwickeln. In dem Maß, in dem wir uns bei der Verfolgung eines spirituellen Wegs von diesen Eigenschaften leiten lassen, werden wir *in den feinstofflicheren Existenzbereichen ganz natürlich bei ähnlichen Energien auf Resonanz stoßen, sie anziehen und ihre Hilfe und Unterstützung spüren.* Die Liebe und die Achtung, die wir dann ausstrahlen, sind der beste Schutz vor negativen Energien.

Sollte der unwahrscheinliche Fall eintreten, daß eine Energie oder ein Geistwesen, die oder das Sie angezogen haben, Ihnen Unbehagen bereitet, müssen Sie sich fragen: «Was in mir zieht diese Kraft an?» In einer solchen Situation dient die scheinbar «negative» Energie tatsächlich dazu, Ihnen zu helfen, einen entfremdeten Aspekt Ihrer selbst zu erkennen. Sollten Sie in den feinstofflichen Bereichen einem solchen Wesen oder einer solchen Energie begegnen, müssen Sie im Hinblick auf den Sinn der Begegnung Ihrer Intuition folgen. Falls irgendwelche Zweifel Sie beschleichen, sagen Sie aus innerstem Herzen: «Wenn du im Namen Gottes kommst, bist du willkommen. Wenn nicht, dann, bitte, geh.» Bitten Sie anschließend in einem Gebet den Großen Geist oder Ihre Schutzgeister um Hilfe und Klarheit.

Diese warnenden Worte sollen Ihnen keine Angst einjagen, und Sie auch nicht davon abhalten, Kontakt mit Naturgeistern aufzunehmen. Doch wenn Sie sich dafür entscheiden, in den feinstofflichen Existenzbereichen zu arbeiten, müssen Sie wissen, daß Sie eine unbekannte Welt mit ihren eigenen Gesetzen und Kräften betreten. Sofern Sie die nötigen Vorsichtsmaßnahmen treffen und diesen Bereich respektvoll und in guter Absicht besuchen, werden Sie dank Ihrer inneren Führung Ihren Weg ganz natürlich und sicher gehen. Sie werden Ihrer eigenen spirituellen Route folgen und ein ganz persönliches, einzigartiges Abenteuer erleben.

Die *Maid of the Mist* nähert sich den Niagarafällen.

Das Aufsuchen von Kraftpunkten

Die oben beschriebenen Verfahren erleichtern zwar die Invokation von Naturgeistern in einem intimen Rahmen, aber der
Besuch von Kraftpunkten als spirituelle Suche stellt uns vor
eine große Herausforderung und ermöglicht gleichzeitig unvergeßliche Erfahrungen.

Weil Kraftpunkte oft beliebte Touristenziele sind, wird ein
Mensch, der eine ernsthafte Pilgerreise an einen Ort wie die
Niagarafälle macht, gewöhnlich mit ganzen Busladungen
voller Erlebnishungriger konfrontiert, mit Gruppen lärmen-
der Schulkinder und mit Fotografierenden, die einander an-
rempeln, um das beste Bild vom Wasserfall – oder dem
Cañon, dem Vulkan usw. – zu kriegen. Zwar erfordert jeder
planetare Kraftpunkt eine ganz bestimmte innere Einstellung,
aber die folgenden allgemeinen Richtlinien für die Invokation
sind immer hilfreich.

1. Versuchen Sie, Ihren Besuch allein oder nur zusammen mit Menschen zu machen, die Ihre ernste Absicht verstehen (und, idealerweise, Ihr Verlangen nach Kommunikation mit den Devas teilen). Die meisten Touristen trachten danach, die Besichtigung so schnell wie möglich zu absolvieren, darum sollten Sie sich viel Zeit nehmen, um den ganzen Kraftort wirklich zu erleben. Seien Sie sich der Tatsache bewußt, daß Sie einem besonders heiligen und mächtigen Werk von Mutter Erde gegenüberstehen, das Ihre Zeit verdient!

Aus diesem Grund sollten Sie, wenn irgend möglich, mindestens einige Tage an dem Kraftort verweilen. Das bietet Ihnen nicht nur Gelegenheit, die Örtlichkeit bei wiederholten, ausgedehnten Besuchen zu genießen, sondern Sie haben dann auch Zeit, die Umgebung genauer zu erkunden, abseits der Menschenmengen. Bei besonders weitläufigen Kraftorten wie den Iguaçu-Fällen erlauben zahlreiche Wanderwege jenseits der Hauptkatarakte dem Besucher, die Gegend gründlich zu erforschen und viele Arten devischer Energie zu erleben. Bei den Niagarafällen gelangen Sie oberhalb der Fälle ganz nah (und an einsamer Stelle) an den Niagara River. Es gibt auch Wanderwege zu sicheren Stellen an den Stromschnellen, in der Nähe der Strudel eine Meile flußabwärts. Nutzen Sie, was die Natur zu bieten hat!

2. In Ihrem Hotelzimmer können Sie wahrscheinlich kein Räucherwerk anzünden und auch keine Kerze brennen lassen, während Sie weg sind; aber bevor Sie aufbrechen, sollten Sie unbedingt duschen und Ihre Meditationsübung machen. Bitten Sie während der Meditation den Hauptdeva des Kraftorts um Unterstützung und um Erlaubnis, mit seiner Energie Kontakt aufzunehmen. Versuchen Sie, Ihre innere Ruhe beim Betreten des Deva-Reichs aufrechtzuerhalten, selbst wenn Sie von vielen Menschen umgeben sind.

3. Denken Sie daran, daß Sie beim Besuch eines planetaren Kraftpunkts oder -orts mit Naturgeistern verschiedenster

Art in Kontakt kommen. An einem Platz wie dem Angel Fall in Venezuela (dem höchsten Wasserfall der Welt) sind alle Devas versammelt, die mit dem Gebirge, dem Fluß, den Fällen selbst, den Klippen und den Winden verbunden sind. Engen Sie Ihre Perspektive nicht dadurch ein, daß Sie nur einen bestimmten Typ Deva anrufen, auch wenn er an dem betreffenden Ort der «naheliegendste» ist. Seien Sie für alle Devas offen!

4. Viele Menschen, die für Naturgeister empfänglich sind, reagieren auch sensibel auf die Energien anderer Menschen. Aus diesem Grund meiden sie tunlichst Menschenmengen. Doch an einem planetaren Kraftort sind mit ziemlicher Wahrscheinlichkeit viele Besucher anzutreffen. Versuchen Sie daher, sich von den anderen Anwesenden möglichst nur positiv beeinflussen zu lassen. Anfangs sehen Sie die anderen vielleicht bloß als «Touristen», aber bedenken Sie, daß jeder von ihnen viel Zeit, Energie und Kosten aufgewandt hat, um hierherzukommen, und daß er sich gerade für diesen Ort entschieden hat, statt in ein Museum oder einen Vergnügungspark zu gehen.

Die meisten Menschen bewegt es zutiefst, sich im Dunstkreis einer starken devischen Energie zu befinden, auch wenn sie das auf intellektueller Ebene vielleicht gar nicht registrieren. Akzeptieren Sie das Anderssein Ihrer Mitmenschen, und erlauben Sie sich, teilzunehmen an den Gefühlen der Ehrfurcht, des Staunens, der Freude und Erregung, die Ihre Mitbesucher zeigen. Denken Sie daran, daß Ihre energetische Verbindung mit der devischen Kraft auch die Ihrer Nebenleute verstärken kann, selbst wenn dies nicht auf einer bewußten Ebene geschieht.

5. Nutzen Sie jede Gelegenheit zu einem engen devischen Kontakt. An den Niagarafällen beispielsweise bringen die beliebte «Höhle der Winde»-Tour und die Bootsfahrt mit der «Maid of the Mist» Sie direkt zum Fuß der Fälle. Sie werden nicht nur völlig von den Winden und der Gischt eingehüllt, sondern auch die stärksten Konzentrationen devischer Energie erleben.

Weil sich die devische Energie oft Hunderte von Metern in die Atmosphäre erstreckt, sind auch Hubschrauberflüge wertvolle Zugangswege. Eine Landung auf dem Mount Cook in Neuseeland oder ein Flug über den Grand Canyon, die Iguaçu-Fälle oder den Vulkan Mauna Loa sind nicht nur begeisternde, unvergeßliche Ausflüge, sondern können auch starke spirituelle Erfahrungen sein.

6. Besucht man einen planetaren Kraftpunkt außerhalb der Saison, dürfte dort weniger Trubel herrschen. Falls Sie zu dieser Jahreszeit nicht reisen können, haben Sie immer noch die Möglichkeit, den Ort außerhalb der «Stoßzeiten» aufzusuchen, also frühmorgens oder spätabends. Eine meiner denkwürdigsten Erfahrungen am Niagara machte ich, als ich während eines Schneesturms kurz nach Mitternacht bei den Canadian Falls eintraf. Weil ich der einzige Mensch dort war, erlebte ich die Energie der Fälle in einzigartig kraftvoller Weise.

7. Denken Sie daran, daß Sie sich nicht unmittelbar am Kraftpunkt befinden müssen, um Zugang zu seiner Energie zu erlangen. Weil viele Kraftpunkte zu Touristenattraktionen geworden sind, hat man um sie herum oft Parks oder Gärten angelegt, und diese sind ebenfalls voll von Devas und Naturgeistern. Würden Sie beispielsweise den Grand Canyon besuchen, fänden Sie ganz in der Nähe viele ruhige Stellen zum Meditieren oder zu anderer spiritueller Arbeit. Wenn Sie den ersten Kontakt zu den Devas am Hauptkraftpunkt erst einmal hergestellt haben, können Sie ihn bewußt aufrechterhalten, selbst in einer Entfernung von mehreren hundert Metern.

9 Kommunikation mit den Devas

Laßt das Königreich eures Herzens so groß sein,
daß keiner ausgeschlossen ist.

N. Sri Ram

Die Kommunikation mit Mitgliedern des devischen Reichs,
also das Teilen von Gedanken und Gefühlen mit einer anderen
Lebensform, besteht nicht nur im Akt des Empfangens, sondern erfordert auch unsere aktive Teilnahme an einer dynami-
schen Beziehung.

Diese Beziehung kann ganz unterschiedlich aussehen. Sie
basiert nicht allein auf der «Chemie» zwischen uns und dem
Naturwesen, ebenso wichtig sind unsere speziellen Gefühle
und Bedürfnisse zum Zeitpunkt der Kommunikation. Wie ich
bereits erwähnte, besuche ich häufig eine bestimmte Ulmen-
gruppe in der Nähe meiner Wohnung, wenn ich Inspiration
und Führung brauche. Manchmal gehe ich einfach nur so hin,
ohne besonderen Grund. Arbeite ich aber gerade an einem
Buch, wird mir oft sachbezogene Führung zuteil. Habe ich
Schwierigkeiten mit einem anderen Menschen, kann es geschehen, daß ich Hinweise über den tiefer liegenden Grund des
Problems erhalte, ohne bewußt um Hilfe gebeten zu haben.

Da jeder Mensch ein komplexes, einmaliges Wesen ist, wird
auch jeder von uns eine andere Beziehung zu den Devas haben.
Dies träfe sogar zu, wenn zwei enge Freunde mit gleichen
Interessen Verbindung zum gleichen Naturgeist aufnähmen.

Wildwachsende Petunien, Brooklyn, New York.

Wäre beispielsweise einer der Freunde Wissenschaftler und der andere Künstler, könnten sich ihre Erfahrungen grundlegend voneinander unterscheiden. Deshalb können auch zwei Hellseher, die mit dem gleichen Naturwesen Kontakt aufnehmen, oft verschiedene Eindrücke empfangen – die unter Umständen beide «richtig» sind.

Wie schon erwähnt, reagieren nicht alle Naturgeister auf uns. Zwar wollen viele Devas mit Menschen kommunizieren, aber einige haben vielleicht gerade andere Aufgaben zu erfüllen und müssen sich auf diese konzentrieren. Am meisten Kontaktfreudigkeit zeigen oft jene Devas, die mit von Menschen gepflanzten Blumen oder Bäumen assoziiert sind oder an Orten wohnen, wo sich regelmäßig Menschen aufhalten – etwa in einem Park, einem See, einem Wasserfall oder einem Fluß. Laut Dora van Gelder-Kunz, einer Hellseherin und Heilerin, die seit Jahrzehnten mit Devas kommuniziert, haben vor allem Bergdevas ein starkes Interesse an Menschen und sind sehr aufgeschlossen für eine Kommunikation mit uns.

Manche Naturgeister sprechen besonders gut auf Menschen an, die Heilung suchen, andere wiederum auf Menschen, die mehr Inspiration, ein geschärfteres Bewußtsein für die Natur, ein ganz bestimmtes Wissen oder besondere Informationen brauchen.

Möglichkeiten der Kommunikation mit Devas

Schreiben

Als Mensch, der vor allem über das geschriebene Wort kommuniziert, meinte ich, die einfachste Art, mit Devas Kontakt aufzunehmen, sei für mich das Automatische Schreiben. Dazu gehört nichts anderes, als sich in einen aufnahmebereiten, meditativen Zustand zu versetzen und dann instinktiv niederzuschreiben, was «durchkommt». Ich fand heraus, daß ich, wenn ich mich, wie oben beschrieben, entsprechend vorbereitete und verwurzelte, Zugang zu jeder Information erlangen konnte, die mich interessierte.

Versetzen Sie sich nach Anrufung der Devas in einen meditativen, rezeptiven Zustand. Binnen weniger Minuten könnten Sie eine devische Gegenwart spüren, die sich nur beschreiben läßt als inspirierende und zugleich liebkosende Energie. Spüren Sie bewußt Ihre Dankbarkeit, mit dem Deva zusammensein zu dürfen. Versuchen Sie, offen zu sein für seine Botschaft, ohne sich auf etwas festzulegen, was Sie gern hören würden.

Halten Sie Notizbuch und Schreiber bereit, und bitten Sie entweder darum, aufgeschlossen zu sein für die Belehrung, die Sie nötig haben, oder stellen Sie eine bestimmte Frage zu einem Thema Ihrer Wahl. Anfangs, als ich mit Blumendevas zu kommunizieren begann, bat ich einfach darum, offen zu sein für ihre Botschaft, wie immer sie lautete. Jede Botschaft war einmalig, entweder für die einzelne Blume oder für die Spezies als solche, ihren Standort und die Rolle, die sie nach ihrem Dafürhalten in der Gemeinschaft spielte, oder auch für meine besonderen Bedürfnisse zum jeweiligen Zeitpunkt.

Eine der einfachsten, dabei sehr inspirierenden Botschaften kam von einem Deva, der mit einer wilden Petunie verbunden war. Sie wucherte üppig aus einem Riß in der Wand eines alten Hauses im Brooklyner Viertel Greenpoint:

Fähig zur Überwindung von Unglück zu sein bedeutet nicht, einfach nur zu überleben – es bedeutet wirklichen Reichtum. Ihr Menschen erzeugt so viele Einschränkungen für euer Leben. Einschränkungen in bezug auf Liebe, Geld, Gesundheit, intellektuelle Entwicklung, Glück und ständige spirituelle Entfaltung. Ihr sagt: «Ich kann nicht weiter gehen als bis hierher.» – «Ich bin zu alt.» – «Ich bin zu jung.» – «Es ist zu spät.» – «Ich kann mich kaum über Wasser halten.» Einschränkungen. Ausreden. Geistiges Sichabschotten.

Es kann sein, daß viele von euch tatsächlich einen schweren Weg zu gehen haben. Einen Weg der echten Herausforderungen und Einschränkungen. Viele von euch meistern diese Herausforderungen und glauben dann, damit sei ihre Arbeit getan. Doch neun von zehn Malen ist sie nicht vorbei. Neun von zehn Malen müßt ihr den nächsten Schritt tun und den nächsten und den nächsten. Um sozusagen Nutzen zu ziehen aus eurem Erfolg. Um vorwärtszugehen. Um die wertvolle Erfahrung anzuwenden, die ihr gewonnen habt, und sie unter die Leute zu bringen. Denn das Bewältigen von Hindernissen und Herausforderungen ist das Sprungbrett zur nächsten Stufe. Die Freude, die Erfahrung und das Wissen, die ihr gewonnen habt, ermöglichen euch, die nächste Stufe zu erreichen.

Bitte, sieh das Leben in dieser positiven, expansiven Weise. Denn wie du sehen kannst, wachse ich aus einem winzigen Riß in der Wand. Und ich überlebe nicht nur gerade mal so. Ich gedeihe. Sei dir also der Realität eines expandierenden Universums bewußt und seiner Gesetze, denn die Überwindung von Unglück ist eine wertvolle Leistung; und sie ist noch wertvoller, wenn sie zu andauernder, beschleunigter Expansion und Befreiung führt. Befreiung von den Einschränkungen, die dich fesseln.

Während ich weiter auf diese Weise mit Devas arbeitete, stellte ich fest, daß sie wegen ihrer engen Verbindung zu Mutter Erde allesamt potentielle Quellen der Erdweisheit sind. Die Menschen besitzen diese Weisheit ebenfalls, doch meist sind wir von ihr abgeschnitten, besonders jene, die in einer städtischen Umgebung leben. Devas unterstützen uns nicht nur, indem sie uns diese natürliche Weisheit vermitteln, sondern auch, indem sie uns helfen und für die innere Weisheit öffnen. Ich begann bald, die Devas in persönlichen Angelegenheiten zu konsultieren, in Umweltfragen, zu Schreibprojekten und bei bestimmten Fragen im Hinblick auf das Material, das in das vorliegende Buch aufgenommen werden sollte.

Weil die meisten von uns nicht gewöhnt sind, von Naturwesen Energie zu empfangen, fühlen sich viele Menschen müde, wenn sie mehr als ein paar Minuten mit ihnen gearbeitet haben. Als ich anfing, von Devas «Diktate aufzunehmen», ging ich oft von Blumengarten zu Blumengarten, begierig darauf, die Bekanntschaft der Devas zu machen und Botschaften von ihnen zu erhalten. Es war anregend für mich, mit ihnen zu arbeiten, und mir schien, daß ihnen viel daran lag, mit mir zu kommunizieren – wahrscheinlich, weil sie gewöhnlich von Menschen ignoriert werden. Doch wenn ich von fünf oder sechs Blumendevas hintereinander Botschaften erhalten hatte, war ich erschöpft.

Am Morgen nach einem Tag mit besonders vielen Niederschriften von Botschaften der Blumendevas wachte ich müde und verdrossen auf. Ich beschloß, meinen Chiropraktiker aufzusuchen, der selbst empfänglich für die feinstofflichen Bereiche der Natur ist. Nachdem er meine Wirbelsäule eingerichtet hatte, riet er mir: «Es ist großartig, mit Blumen zu kommunizieren, aber Sie sollten nicht glauben, daß Sie die ganze Blumenausstellung auf einmal absolvieren müssen.»

Mit anderen Worten, es ist besser, sich der devischen Energie
in kleinen Dosen auszusetzen, besonders anfangs. Seit damals
zügle ich mich und achte auf mein eigenes Energieniveau; auf
diese Weise bin ich in der Lage, längere Zeit mit Devas zu
kommunizieren, ohne müde zu werden.

Kunstwerke schaffen

Den Menschen, die eine künstlerische Begabung haben, ermöglicht das Zeichnen, Skizzieren oder Malen, während sie
sich ganz bewußt in der Gegenwart von Devas aufhalten, eine
ebenso einmalige wie lohnende Erfahrung. Da für Devas
Schönheit ein ganz wesentliches Moment allen Seins ist, stellt
es eine wirkliche Kommunikations-«Tat» dar, ihnen zu erlauben, uns bei der Schaffung schöner Werke zu helfen. Das
folgende Zitat stammt von einem Deva, der mit einer in der
Nähe eines Bahngleises wachsenden Stechapfelpflanze verbunden war:

Die Schönheit, die wir euch bieten, kommt aus der Tiefe.
Sie kommt aus dem Herzen und der Seele von Mutter Erde.
Sie umfaßt all die Zartheit, das Sehnen und den Sinn des
vollsten Ausdrucks von Schönheit, den man kennt.
Schönheit liegt tief im Herzen und in der Seele eines jeden
von euch, meine Lieben, doch allzuoft stellt man fest, daß
sie Not leidet. Sie wird entweder völlig abgeschottet, oder
sie wird auf verzerrte und groteske Weise ausgedrückt.
Erscheint es euch nicht seltsam, das Menschen soviel Schönheit schaffen können und man gleichzeitig soviel Häß-
lichkeit in Kunst, Design, Architektur und Stadtplanung
begegnet? Manchen Menschen gelingt es nie, den wahren
Ausdruck von Schönheit zu finden.
Wenn du ein professioneller Künstler, Designer oder Architekt bist, bitten wir dich nur darum, daß du der Schönheit
oberste Priorität einräumst. Denn es gibt sehr viel Häß-
lichkeit in modernen Kreationen. Es ist beleidigend, aus den
Elementen von Mutter Erde – ob sie nun aus dem Mineral-

oder dem Pflanzenreich stammen – Häßliches zu schaffen. Es ist sowohl für diese Elemente als auch für die Menschen beleidigend... Werdet euch also der Schönheit deutlicher bewußt: jener Schönheit, die ihr in der Welt um euch herum überall findet, und jener Schönheit, die ihr tief in eurem Wesen finden könnt.

Nur wenige Künstler geben zu, mit Devas zu arbeiten, aber ein Blick auf die inspirierten und inspirierenden Naturbilder von Malern wie Vincent van Gogh, Paul Cézanne und Georgia O'Keefe läßt Einflüsse aus den feinstofflichen Bereichen erkennen. Vor allem der «anderweltliche» Touch von Bildern des russischen Malers und Wissenschaftlers Nicholas Roerich verrät einen starken devischen Einfluß, besonders in seiner Behandlung des Lichts. Roerich verließ sich auch bei der Schaffung seiner architektonischen Konstruktionen auf die Führung von Mitgliedern des Engelsreichs, so bei der Gestaltung des vierundzwanzigstöckigen Master Building in Manhattan, das ein Museum, Büros und Wohnungen für Künstler enthält. Das Gebäude, heute ein Appartementhaus, sollte ursprünglich einen verkupferten buddhistischen Stupa aufs Dach bekommen. Einer von Roerichs Lieblingsorten zum Malen waren übrigens die Berge des Himalaja. In seinem Buch *Himalaya: Abode of Light* schreibt er: «Das höchste Wissen, die inspiriertesten Lieder, die prächtigsten Klänge und Farben entstehen auf den Bergen. Auf den höchsten Bergen, dort ist der Allerhöchste.»

Wie das Automatische Schreiben, so verlangt auch künstlerisches Schaffen mit Devas, daß wir aufnahmebereit sind. Es ist nicht nötig, sich in Trance zu versetzen, wir können uns vielmehr von ihrer Weisheit leiten lassen. Wenn Sie beschlossen haben, einen bestimmten Baum oder eine bestimmte Landschaft zu malen, können Sie den dort heimischen Devas erlauben, Ihrem Werk eine stärkere energetische Dimension zu geben. Wenn Sie ohne bestimmte Vorstellung, was Sie malen wollen, in der Natur weilen, erlauben Sie dem Deva, Ihnen ein geeignetes Sujet vorzuschlagen. Es wird dann be-

Stechapfelblüte, Brooklyn, New York.

stimmt ein ausgesprochen «natürliches» Thema sein wie ein
Wasserfall oder ein Küstenabschnitt, aber vielleicht werden
Sie davon auch inspiriert, ein eher abstraktes Kunstwerk zu
schaffen wie etwa einen Energiewirbel oder Reflexionen von
Licht auf Wasser. Die Devas erscheinen manchmal auch Menschen, die über die Gabe des Hellsehens verfügen, und geben
so selbst ein perfektes Sujet ab.

Schall und Musik

Eine der grundlegenden Kräfte der Natur ist der Schall; er
durchdringt die ganze Welt. Auf elementarer Ebene drückt
sich Schall in Form von Wellen und Schwingungen aus, die oft
in Resonanz stehen mit den Energien der Devas. Wenn wir
hören, treffen die durch die Luft schwingenden Schallwellen
auf Resonanz in unserem Innenohr. Wenn wir sprechen,
erzeugen wir mit unserem Kehlkopf Schallwellen. Wenn wir

ein Musikinstrument spielen, entstehen Schallschwingungen, die uns anregen, beruhigen, deprimieren oder aufheitern können.

Gleich jeder Naturkraft hat Schall die Fähigkeit, aufzubauen oder zu zerstören. In *Das geheime Leben der Pflanzen* von Tompkins und Bird lesen wir, daß verschiedene Schallarten das Wachstum einer Pflanze fördern oder hemmen können. Die Musiktherapie zeigt, wie verschiedene Arten von Musik zur physischen und pschischen Heilung beitragen können. Geschäftsleute verwenden seit Jahrzehnten Musik, um Kunden unterschwellig zum Kaufen anzuregen. Wenn wir uns der Kraft des Schalls bewußt werden und sie einsetzen, um in unserer Sprache und unserer Musik Harmonie zu erzeugen, können wir zu wahren Agenten des Guten werden.

Weil Schall vor allem eine subtile Schwingungsform ist, wirkt sie stark auf Devas. In einem Vortrag auf der Pumpkin Hollow Farm schilderte Dora van Gelder Kunz, wie Musik hilft, eine Atmosphäre zu erzeugen, die geeignet ist, Devas «anzulocken» und ihnen zu ermöglichen, die Musikenergie zu nutzen und sie im Rahmen ihrer Aufgaben des Aufbauens und Heilens zu verteilen. Musik kann also, klug eingesetzt, zur Anrufung von Devas, zur Erleichterung der Kommunikation mit ihnen und zur Unterstützung ihrer Arbeit dienen. Die inneren Bereiche von Musik beschrieb ein Deva, der mit einem Blumengarten am Eingang einer Musikschule verbunden war:

Musik ist eine besondere Form von Schwingung. Sie ist Bestandteil jener Schwingung, die alles Leben hier auf Erden schafft. Sie ist in gewissem Sinn mit uns Blumen verwandt, weil dich Musik auf ihrem höchsten Niveau zu den Wurzeln deines Seins bringen kann, zu deiner Erdhaftigkeit, zu deinem natürlichen Selbst. Sie kann dir helfen, deine essentiellen Bande zu Mutter Erde wiederzuentdekken. Doch Musik kann dich auch emportragen, in die Bereiche von Vater Himmel.
Musik kann eine starke Wirkung auf deine Gedanken haben.

Sie kann zur Entwicklung kraftvoller Gedanken voller Positivität, Zielstrebigkeit und Organisation beitragen. Außerdem kann sie helfen, überholte Denkformen und Haltungen aufzulösen und sie durch neue zu ersetzen – oder sie kann einfach die alten niederreißen und eine leere Stelle für einen Neuanfang schaffen!

Es gibt keine schönere Musik als jene, die inspiriert, die dich zu den Himmeln emporträgt. Das ist Musik für deine Seele. Viele, viele Komponisten haben Verbindung zu den spirituellen Dimensionen der Musik aufgenommen, und ihre Schöpfungen basieren auf dieser Realität. Wenn du ein Komponist bist, bete um die Verbindung zur spirituellen Quelle musikalischen Ausdrucks. Die Wesen, die in jenen Reichen wohnen, werden dir gern und bereitwillig helfen, denn wenn Musik in der Absicht komponiert und gespielt wird, den menschlichen Geist emporzuheben, zählt sie zu den größten Segnungen des Lebens. Sie kommt direkt aus dem Herzen jedweder Schöpfung.

Musik läßt sich auf verschiedene Weise einsetzen, um devische Wesen anzuziehen und mit ihnen zu kommunizieren. Vor allem können wir sakrale, harmonische oder meditative Musik abspielen, während wir nahe einer Baumgruppe, an einem See oder in einem Garten meditieren. Zusammen mit unserer konzentrierten, aufrichtigen Absicht wird die Musik die richtige Atmosphäre für eine Kommunikation zwischen uns und den devischen Wesen herstellen.

Eine persönlichere Methode besteht in der Erzeugung von Schallschwingungen mittels Singen und Beten. Durch die Wahl von Gebeten und Gesängen, die den menschlichen Geist erbauen, ziehen wir nicht nur Devas an, die in Resonanz mit dieser Energie stehen, sondern wir öffnen auch uns selbst für die Kommunikation mit einer höheren, subtileren Ebene unseres Seins. Man könnte annehmen, daß die Mönche, die Gregorianische Choräle singen, oder tibetische Mönche, die Mantras rezitieren, viele mächtige Devas zu ihren Klöstern locken, was wiederum sie in die Lage versetzt, in physischen und supraphysischen Bereichen zusammen mit Devas kreativ zu wirken.

Singen im allgemeinen ist eine sehr wirksame Methode, um Devas herbeizurufen und die Kommunikation mit ihnen zu erleichtern. Ein Freund von mir, der Operntenor ist, singt gern, während er durch die Wälder streift. Einmal schmetterte er eine Opernarie, die seiner Liebe zum Großen Geist Ausdruck verlieh. Sein Gesang erfüllte buchstäblich den Wald und konzentrierte Energien um ihn herum, die nur als engelhaft bezeichnet werden können. Das meditative Spielen erbaulicher Musik mit Saiteninstrumenten, Schellen, Trommeln oder Holzblasinstrumenten könnte eine ähnliche Wirkung haben.

Wichtig ist hier der Hinweis, daß Schall, weil er eine starke Kraft ist, immer respektiert werden sollte, besonders wenn wir uns mit spiritueller Arbeit befassen. Meditative Musik vermag devische Wesen anzuziehen, die auf Heilen, Weisheit und Erbauung ausgerichtet sind; genauso aber können dissonante Klänge und Mißtöne Elementarenergien anziehen, die sich bei Disharmonie und Entzweiung prächtig entwickeln. Die Folge ist, daß sie die disharmonischen Elemente in uns stärken, statt sie zu transformieren und uns zu heilen.

Kommunikation mit Devas im Garten

Das Überleben des Menschen hängt von Nahrung aus dem Pflanzenreich ab. Wir essen zwar auch Fleisch, doch die entsprechenden Tiere benötigen ein reichhaltiges Futter aus Körnern, Hülsenfrüchten und Gräsern, um ihr Schlachtgewicht zu erreichen. Wenn wir das Leben nur von einem materiellen Standpunkt aus betrachten, müßten wir durch das Aussäen von Samen und deren Versorgung mit Wasser, Dünger und Insektiziden auf der materiellen Ebene stets gut versorgt sein.

Im Laufe der Jahre haben jedoch immer mehr Farmer, Bauern und Kleingärtner festgestellt, daß wir zusätzlich zu den Fasern, Proteinen, Vitaminen und Mineralstoffen, die unsere

Nahrung uns liefert, auch deren Lebenskraft erhalten, und zwar in Form der von ihr übertragenen feinstofflichen Energien. Neben der Anerkennung und Ehrung dieser Lebenskraft durch ein Gebet vor der Mahlzeit ist es, so glauben viele, jedoch außerdem wichtig, die von devischen Wesen koordinierte Lebensenergie zu würdigen, wenn wir Obst, Gemüse und Körnerfrüchte anbauen. In dem Buch *The Theosophist* erklärt L. E. Girard:

> Wenn Getreide gesät und angebaut wird, ohne daß man an die Lebenskraft denkt, die es jeder Kreatur schenkt, kann es diese auch nicht wirklich weitergeben, sondern erfüllt lediglich sein eigenes Seinsgesetz. Wenn jedoch der Bauer weiß, daß jedes keimende Korn dazu gebracht werden kann, auf besondere Einflüsse zu reagieren, dürfte er zwei wirklich nützliche Ergebnisse erzielen – neben einer guten Ernte, die ja auch nicht unwichtig ist:
> Erstens lädt der Landwirt durch Anrufung der Naturkräfte Scharen von Naturgeistern der schönsten und vielfältigsten Art auf sein Feld ein, die ihn bei der Aufzucht von Pflanzen unterstützen, und zweitens trägt er dazu bei, daß die Pflanzen dank ihrer feinstofflichen Energien auch das Leben ringsum positiv beeinflussen können.

Die Kommunikation mit Landschafts- und Gartendevas bietet eine besondere Chance, weil hier zwangsläufig eine andauernde Beziehung gemeinsamer Kreativität besteht: Wir bemühen uns, die Devas bei der Schaffung von Leben zu unterstützen, indem wir mit den Elementen arbeiten. Dabei brauchen wir große Sensibilität, um empfänglich zu sein für die Führung der Devas, das heißt, um zu merken, wie wir ihnen am besten helfen können, die Natur zu ihrer vollen Entfaltung zu bringen. Statt darauf zu bestehen, die Sache schon irgendwie zu deichseln, wie Menschen es normalerweise machen, wenn sie einen Garten planen und anlegen, müssen wir bescheiden eine Zusammenarbeit mit den lokalen Devas und Naturgeistern anstreben.

Das vielleicht bekannteste Beispiel für eine gelungene Zusammenarbeit zwischen Mensch und Deva ist der berühmte Findhorn Garden in Schottland. Den devischen Ratschlägen folgend, die sowohl die örtliche Landschaft als auch verschiedene Pflanzenspezies betrafen, schafften es Eileen und Peter Caddy, Dorothy Maclean und andere, auf wüstenähnlichem Boden einen prächtigen Garten entstehen zu lassen. In ihrem schon zum Klassiker gewordenen Buch *The Findhorn Garden* berichtet Dorothy Maclean, wie ein Garten aus der Perspektive von Devas wirklich aussieht:

> Für einen Deva ist ein Garten keine Ansammlung von Formen und Farben, sondern vielmehr eine Ansammlung sich bewegender Energielinien. Bei der Beschreibung unseres Gartens sagten die Devas, sie könnten sehen, wie die Kräfte von unten nach und nach emporgezogen werden und mit jenen verschmelzen, die in großen, raschen Wellen nach unten stürzen. In diesem Energiefeld war jede Pflanze ein individueller Energiestrudel.

Durch die Arbeit mit Devas gelangten die Menschen in Findhorn nicht nur zu tiefen spirituellen Erkenntnissen, sondern erlangten auch praktisches Wissen über die Pflanzen selbst, das Kompostieren und die Pflanzenpflege. Über diese frühen Erfahrungen berichtet Peter Caddy in *The Findhorn Garden*:

> Sie sagten uns, wie weit entfernt Pflanzen voneinander stehen sollten, wie oft man sie gießen müsse, was wir falsch gemacht hatten und wie sich das beheben ließ... Ein Beispiel: Nachdem ich unsere ersten Kopfsalatsamen ausgesät hatte, verfuhr ich, wie in Gartenbüchern empfohlen: Ich dünnte die Reihen aus und setzte die herausgenommenen Pflanzen so ein, daß aus der ursprünglich einen Reihe nun fünf oder sechs entstanden. Doch die meisten versetzten Pflanzen gingen ein, und wir wußten nicht, warum. Als Dorothy den Salat-Deva fragte, was wir tun sollten, beka-

men wir zur Antwort, es sei besser, die Samen in jeder Reihe dicht zu säen und dann die schwachen Pflanzen zu entfernen, statt sie umzusetzen. Die Lebenskraft der entfernten Pflanzen könnten wir durch Kompostierung recyceln. Dieser Rat erwies sich als weise und richtig.

Da die einzelnen Menschen sehr verschieden sind, hat auch jeder seine eigene, einmalige Art, mit Naturgeistern zu kommunizieren. Während Dorothy Maclean die Fähigkeit besitzt, den Devas «zuzuhören» und ihre Worte zu notieren, arbeiten viele Gärtner unterschwellig mit Devas. Sie sind sich der Tatsache ihrer Zusammenarbeit mit den devischen Bereichen meist gar nicht bewußt, aber sie spüren immer intuitiv, was nötig ist, um einen schönen, gesunden Garten zu schaffen. Wir alle kennen Menschen, die den sprichwörtlichen «grünen Daumen» haben, deren Gärten immer die gesündesten und prächtigsten sind. Viele dieser Gärtner reden mit ihren Pflanzen und senden ihnen gute Gefühle. Ihnen ist nicht bewußt, daß sie mit Naturgeistern kommunizieren, aber viele erleben ein Gefühl des Friedens und der Zentriertheit, wenn sie mit Pflanzen arbeiten. Rachel und Stephen Kaplan sprechen in ihrem Buch *The Experience of Nature* einige der psychologischen Aspekte des Gärtnerns an:

Gartenarbeit bietet verschiedene Möglichkeiten, Beziehungen zu knüpfen, und steigert so das Gefühl des Sicheinsfühlens. Manche erleben bei der Gartenarbeit vielleicht eine historische Verbindung, ein Band zu früheren Zeiten und Generationen. Zweifellos spüren viele Gärtner eine Beziehung zu einer Kraft oder einem System, die oder das größer ist als sie und nicht der menschlichen Kontrolle unterliegt.

Die Gestaltung eines Gartens

Wenn Sie einen Garten gestalten möchten, sollten Sie die weiter oben beschriebenen vorbereitenden Arbeiten durchführen. Gehen Sie zu dem Areal, das Sie bepflanzen wollen, bieten Sie den Devas Ihre Gaben dar und beschwören Sie deren Gegenwart in einer Weise, die Ihren Respekt und Ihre Dankbarkeit für die wichtige Arbeit dieser Wesen erkennen läßt. Ich habe festgestellt, daß die im vorigen Kapitel erwähnte Anrufung von Geoffrey Hodson in einer solchen Situation besonders nützlich ist.

Vielleicht wollen Sie Papier und Bleistift zur Hand nehmen, um Hinweise im Hinblick auf die Anlage des Gartens notieren zu können. Inspizieren Sie nach den im vorigen Kapitel beschriebenen Anrufungen das Areal gründlich, auf dem Sie den Garten anlegen möchten. Vielleicht handelt es sich um ein zur Zeit freies, natürliches Gelände, vielleicht aber befand sich hier früher schon mal ein Garten. Betrachten sie das Grundstück voller Achtung, wohl wissend, daß das Wachstum von Pflanzen als Nahrung und zur Freude der Menschen ein einzigartiges Geschenk von Mutter Erde ist. In Machaelle Small Wrights Buch *Perelandra Garden Workbook* versicherte der Deva des Perelandra Garden, die Bedeutung der energetischen Komponente eines Gartens gehe über die bloße Produktion von qualitativ hochwertigen Nahrungsmitteln hinaus:

> Die vibrierende, lebensspendende Energie führt nicht nur in die Pflanzen und ihre Früchte hinein. Sie strahlt auch vom Garten in die Umgebung aus und wirkt auf jede Form in den umliegenden Gebieten. Vielleicht könnte man sich besser vergegenwärtigen, was wir sagen, wenn man den Garten als einen Energieerzeuger sähe.

Menschen neigen dazu, Gärten in Form eines Quadrats oder Rechtecks anzulegen. Wenn wir mit Devas zusammenarbeiten wollen, müssen wir jedoch offen sein für die gemeinsame Gestaltung eines Gartens, der rund oder oval ist oder eine unregelmäßige Form hat, die mit den Konturen des umliegenden Landes harmoniert. Wir können auch fragen (und Antwort darauf erhalten), wie viele Reihen von Beeten der Garten haben sollte und wie groß diese Beete sein sollten.

Natürlich müssen wir uns entscheiden, welche Pflanzen wir

setzen wollen. Dafür ist einiges Vorwissen nötig: Würden wir in einem nördlichen Klima leben und versuchen, tropische Pflanzen zu züchten, wäre unser Projekt wohl meist zum Scheitern verurteilt, wie eng unsere Beziehung zu einem Deva auch immer sein mag. Wenn wir eine allgemeine Vorstellung davon haben, was wir pflanzen möchten, können wir den Deva um Führung hinsichtlich unserer Pflanzenwahl im Detail bitten. Bedienen Sie sich der oben erwähnten Schreibmethode, dann können Sie den Deva einfach fragen, welche Samen Sie säen sollen, und die Antwort in Ihr Notizbuch schreiben. Seien Sie darauf gefaßt, auch Informationen über Dinge zu erhalten, die Sie bis dahin vielleicht gar nicht berücksichtigt haben. Der Deva kann beispielsweise vorschlagen, daß Sie längs der Gemüsebeete bestimmte Blumen pflanzen. Selbstredend können Sie auch gezielte Fragen stellen, die als Antwort ein «Ja» oder «Nein» erfordern, wie: «Soll ich Tomaten pflanzen?»

Eine der Methoden, mit Devas zu kommunizieren, ist das Rutengehen. Wie Patricia C. und Richard D. Wright in *The Divining Heart* ausführen, wird Rutengehen definiert als «der Prozeß der Entdeckung oder Aufdeckung von Informationen durch das Medium des Selbst». Rutengehen ist eine alte Form der Weissagung; oft benutzt man dafür einen dünnen Haselnuß- oder Weidenzweig in Form eines Y. Rutengehen kann man auch mit einem Pendel, das man in Esoterik- oder New-Age-Buchhandlungen erhält. Diese Methode ist besonders sinnvoll für Menschen, die bei der Arbeit mit devischen Energien ihrer Intuition nicht ganz trauen. Die Technik beim Pendeln ist sehr einfach: Während Sie die Schnur des Pendels so halten, daß dieses über der Aussaat oder den Jungpflanzen hängt, stellen Sie Fragen, auf die die Antwort nur «ja» oder «nein» lauten kann.

Zuerst müssen Sie festlegen, welche Pendelbewegung ein «Ja» und welche ein «Nein» bedeutet. Fragen Sie zum Beispiel: «Wie ist das Zeichen für ‹ja›?» Daraufhin wird das Pendel entweder vor und zurück schwingen oder einen Kreis beschreiben. Wenn Sie auf diese Weise ermittelt haben, daß bei einem «Ja» das Pendel vor und zurück schwingt, würde ein «Nein» durch eine Kreisbewegung des Pendels angezeigt. Anschließend können Sie den Landschaftsdevas zu irgendeinem Thema spezifische Fragen stellen, bei denen die Antwort nur «ja» oder «nein» lauten kann – zum Beispiel: «Soll ich Gurken pflanzen?» Die Pendelbewegung wird Ihre Frage beantworten. Stellen Sie, während Sie den Garten gestalten und bepflanzen, ruhig weiterhin auf diese Weise Fragen, auch später noch, wenn Sie ihn hegen und pflegen. Ihre Fragen können das Düngen betreffen, das Unkrautjäten, das Ausdünnen und Gießen sowie Insekten und andere erwünschte und unerwünschte Besucher.

Viele Menschen bebauen das ganze verfügbare Land, doch die Bewohner von Findhorn haben erkannt, wie wichtig es ist, eine Gartenecke unbearbeitet zu lassen, damit Devas dort leben und wirken können, ohne daß Menschen sich einschalten. Auf diese Weise erkennt man die spirituelle Kraft in der «wilden» Natur an und ehrt voller Respekt die devische Gegenwart.

Wenn Sie wirklich mit Gartendevas arbeiten möchten, ist das *Perelandra Garden Workbook* von Machaelle Small Wright der umfassendste Führer auf diesem Gebiet. Seit mehr als zehn Jahren kommuniziert diese Frau mit Gartendevas; ihr Buch bietet detaillierte Informationen über die äußeren und inneren Aspekte der Planung und Anlage eines Gartens in Zusammenarbeit mit Devas und Naturgeistern.

Mit Kräutern arbeiten

Seit Jahrtausenden verwenden die Menschen Heilkräuter, und ebenso lange stehen Schamanen sowie andere Heiler intuitiv in Verbindung mit devischem Bewußtsein. Die modernen Kräutersammler und -kenner arbeiten bewußt mit Devas, um mehr über die medizinischen Eigenschaften der Kräuter zu erfahren und die richtigen Dosen und Anwendungsmöglichkeiten im individuellen Fall zu ermitteln. Dorothy Maclean hielt die Erklärung eines Devas fest, daß gewisse Pflanzen wie beispielsweise Heilkräuter, die schon lange in Verbindung zum Menschen stehen, «bereit sind, bei der Zusammenarbeit zwischen unseren beiden Welten als Führer zu fungieren. Wir sind Teil des menschlichen Bewußtseins.»

Gleich dem Gärtner kann sich eine Kräuterkennerin vor der Kommunikation mit dem Heilkraut meditativ sammeln. Sie kann eine allgemeine Frage stellen wie: «Welches sind die wesentlichen Eigenschaften, die du vermittelst?» Den Schreiber in der Hand, sollte sie dann in respektvollem Schweigen verharren, um die Information, die ihr der Kräuter-Deva gegebenenfalls zukommen lassen will, intuitiv zu empfangen und aufzuschreiben.

Natürlich kann sie auch ein Pendel verwenden, um dem Kräuterdeva eine spezifische Frage zu stellen, die ein «Ja» oder «Nein» als Antwort verlangt, zum Beispiel eine Frage nach der richtigen Anwendung oder Dosierung eines Krauts. Wenn sie wissen möchte, ob zwei Portionen Pfefferminztee die richtige Menge für eine bestimmte Patientin sind, kann sie das Pendel über etwas Pfefferminze halten und «Ja»- «Nein»-Fragen im Hinblick auf die richtige Dosis stellen. Sie sollte so lange fragen, bis die Antwort eindeutig ist:

«Ist eine Portion die richtige Dosis?» (Nein)
«Sind zwei Portionen die richtige Dosis?» (Ja)
«Sind drei Portionen die richtige Dosis?» (Nein)

In diesem Fall wäre «zwei» die richtige Antwort.

Die Anpflanzung eines heiligen Hains

Die Tradition, einen heiligen Hain zu pflanzen, war in vielen alten Kulturen verbreitet – zum Beispiel bei den Griechen, Ägyptern und Römern, vor allem jedoch unter den Druiden. Und auch heute sind Bäume für einen gesunden Planeten äußerst wichtig. Heilige Haine lassen sich vielseitig nutzen: zur Feier einer Geburt, einer bestandenen Prüfung, einer

Hochzeit, eines Geburtstags, eines besonderen Erfolgs oder als Rahmen einer Bestattungsfeier. Weil ein heiliger Hain ein Zuhause devischer Wesen ist, kann er auch als Heiligtum und Ort der Heilung, innerer Wandlung oder lebenslangen Lernens dienen.

Die Planung eines heiligen Hains läßt sich mit Unterstützung der lokalen Landschaftsdevas durchführen. Erlaubt man ihnen, uns zu helfen, die Situation von *ihrem* Standpunkt aus zu sehen, können sie uns helfen, intuitiv zu spüren, wo genau der Hain gepflanzt werden sollte, um so die Energie der betreffenden Stelle zu verstärken. Außerdem werden sie uns zu klareren Vorstellungen darüber verhelfen, welche Art Energie der heilige Hain erzeugen soll; die Energieart hängt von der Baumart ab, die wir pflanzen. Schamanen, Magier und Priester übernahmen oft die Verantwortung für die Schaffung heiliger Haine und bestimmten in Zusammenarbeit mit den Devas den Standort sowie die geeigneten Baumarten.

Wenn wir die Biologie der verschiedenen Baumarten und die Überlieferungen über sie studieren, werden wir uns der physischen, mystischen und symbolischen Eigenschaften, die ein Baum besitzt, deutlicher bewußt. Das erleichtert uns die Wahl unter mehreren Baumarten, die im Ruf stehen, Heilkraft zu besitzen (wie etwa Holunder) oder mit Weisheit verbunden zu sein (wie die Eiche). Manche Menschen wollen auch Bäume pflanzen, die Nachkommen berühmter oder historischer Bäume sind.

Die exakte Plazierung der Bäume ist wichtig. Wir müssen sicherstellen, daß das Areal die richtige Größe und Tiefe hat, daß der Boden für die gewählte Art geeignet ist und die Bäume in genügend großem Abstand voneinander gepflanzt werden. In diesen Fragen sollten wir uns nicht nur auf unser erlerntes Wissen verlassen, sondern auch die Devas um Rat fragen, was in dieser Phase besonders nützlich ist.

Wichtig sind außerdem Kenntnisse hinsichtlich der Pflege der gepflanzten Bäume, und zwar ebenso um der Bäume willen wie unsretwegen, da wir die Hüter der Jungpflanzen sind. Auch hierbei können uns die lokalen Devas helfen.

Unkrautkontrolle, Düngung (mit Kompost), Versorgung mit ausreichend Wasser, gelegentliches Beschneiden, Erste-Hilfe-Maßnahmen, wenn nötig, Beschützen der Bäume vor Tieren und unvernünftigen Menschen – dies alles erfordert unser aktives Mitwirken während der ersten Lebensjahre eines Baums. Es kann ungeheure Freude bereiten, einen Baum auf diese Weise großzuziehen, außerdem zeigt sich darin unser Interesse an der Erde und den anderen Lebensformen, die den Planeten mit uns teilen.

Überbewußter Naturschutz

Die aktive Kommunikation mit Devas und Naturgeistern fördert auch die Heilung einer verwüsteten Umwelt. Immer wenn wir uns dafür entscheiden, Projekte zur Wiederherstellung erodierter Landschaften anzukurbeln oder mitzutragen, wenn wir ein verschmutztes Gebiet säubern, ein Areal mit Bäumen und Sträuchern bepflanzen, Grünflächen schaffen oder in der Stadt «Westentaschen»-Parks schaffen, arbeiten wir mit den kreativen Energien der dort lebenden Devas. Aufgeschlossen für ihre Inspiration und Weisheit, stellen wir unser Ego zurück und vermögen die Situation vom devischen Standpunkt aus zu sehen. Als Folge davon unterstützen wir die Devas nicht nur bei ihrer wertvollen Arbeit, sondern sind auch zusammen mit ihnen auf sichtbaren wie auf feinstofflichen Ebenen kreativ tätig.

Kontemplation

Einige Menschen kommunizieren mit Devas über das Schreiben, die Musik oder die Kunst, durch Gärtnern oder das Pflanzen von Bäumen, doch bei den meisten von uns wird die Kommunikation auf unterbewußten Ebenen stattfinden. Abgesehen von Gefühlen des Trosts, der Inspiration und des Wohlbefindens merken wir vielleicht gar nicht, daß wir mit

Devas in Kontakt sind. Das heißt keineswegs, daß wir etwas Falsches tun oder daß wir spirituell weniger entwickelt sind als Menschen mit der besonderen Fähigkeit, Devas zu sehen oder bewußt mit ihnen zu kommunizieren. Es bedeutet lediglich, daß zu dieser besonderen Zeit eine unterbewußte (oder unbewußte) Kommunikation für uns geeigneter ist. Für manche Menschen kann der Empfang devischer Weisheit auf unterbewußter Ebene sogar wertvoller und nachhaltiger sein als Informationen, die der bewußte Geist empfängt.

In einer Gesellschaft, in der der äußere Status eines Menschen oft von größter Bedeutung ist, fällt es uns schwer, private, innere Erfahrungen zu bewerten, die nach außen hin nicht sichtbar werden. Doch wenn wir die Gültigkeit unserer persönlichen Erfahrungen erkennen, vermögen wir die Segnungen, die eine Kommunikation mit Devas zu bieten hat, stärker und vollkommener zu erleben.

Ob wir Devas mittels hellseherischer Fähigkeiten sehen können oder ihre Weisheit auf unterbewußter Ebene wahrnehmen, der wirkliche Wert dieser Kommunikation zeigt sich in dem Einfluß, den sie auf unser Leben ausübt, und in dem Ausmaß, in dem wir unser größer gewordenes Verständnis zur Förderung der Heilung des Planeten einsetzen.

10 Heilenergie

> Hilf der Natur und arbeite mit ihr; und die Natur
> wird dich als einen ihrer Schöpfer betrachten und
> sich verneigen. Und sie wird vor dir weit die
> Türen ihrer Geheimkammern öffnen.
>
> H. P. Blavatsky

Das Wort «heilen» geht zurück auf den angelsächsischen
Begriff *hal*, der soviel bedeutet wie «unversehrt», «gesund»,
«gerettet». «Heilen» bezieht die Vorstellung von Unversehrtheit, Wohlbefinden und Integration mit ein. In der Sprache der
amerikanischen Ureinwohner heißt das: «in Harmonie mit
Mutter Erde auf ihrem Rücken gehen».

Heilen ist der Hauptinhalt des Lebens. Ohne Heilung be-
stünde keine Möglichkeit zur Evolution. Als ein lebendes
Wesen ist die Erde eine selbstheilende Entität.

Sie bemüht sich, Energien wieder auszurichten, und sie paßt
Aspekte ihrer selbst, denen es an Ausgeglichenheit fehlt und
die nicht richtig ausgerichtet sind, neu an. Der Heilprozeß ist
ein konstanter Prozeß seit der Entstehung des Planeten. Und
dieser Prozeß wird trotz der zunehmenden Verwüstungen, die
wir Menschen auf der Erde anrichten, weitergehen. Die Frage
ist nur, ob die Menschheit auch künftig am Heilprozeß der
Erde teilnimmt oder ob wir uns durch Verschmutzung,
Krankheit und unkluge Verwendung der Erdressourcen selbst
vernichten.

Wenn wir lernen, mit den feinstofflichen Kräften der Natur zu kommunizieren und zu arbeiten, können wir auch lernen, zur Erhaltung der Erde beizutragen. Und indem wir uns aktiv bei der Heilung des Planeten engagieren, beteiligen wir uns auch an unserer eigenen Heilung.

Uns selbst heilen

Viele der ältesten Heiltraditionen der Menschheit – darunter Qi Gong, Ayurveda, Akupunktur, Handauflegen, Thermalbad- und Mineralquellenanwendung, Edelsteintherapie und Kräuterkunde – arbeiten mit den originären Heilenergien der Erde, um unseren persönlichen Heilprozeß zu unterstützen. Sogar in der modernen allopathischen Medizin, die in den westlichen Industrienationen heute die vorherrschende Heilform ist, basieren viele der Medikamente auf natürlichen Substanzen.

Indem wir jedoch selbst versuchen, mit Mutter Erde in Kontakt zu kommen, öffnen wir uns ihrer Heilkraft ganz direkt. Wenn wir irgendeine Lebensform besuchen – einen Wasserfall, einen Fluß, einen Baum oder eine Blumenwiese –, kommunizieren wir mit der Intelligenz und Lebenskraft, die hinter der Evolution dieser Form stehen. Die Folge ist, daß wir empfänglich werden für eine kraftvolle Quelle heilender Energie. Weil Natur die harmonische, kooperative Ausrichtung aller Elemente der Schöpfung bedeutet, ist Natur die höchste, auf alle Aspekte unseres Seins wirkende Heilerin.

Die Heilung der Erde erfolgt in hohem Maße durch Mitglieder des devischen Reichs. Indem sie die Prozesse der Ausrichtung, des Wachstums, Ersetzens, Wiederanpassens und Schützens unterstützen, arbeiten Devas und Naturgeister an der Heilung des Planeten. Sie führen ihre Heilaufgaben zwar auf verschiedenen Ebenen und in unterschiedlicher Intensität durch, aber die Heilarbeit findet ununterbrochen statt, Tag und Nacht.

Menschen sind ein integraler Bestandteil der Familie der

Natur, und es gehört zu unserem menschlichen Geburtsrecht, die Heilkräfte von Devas anzuzapfen, wenn wir sie brauchen. Der Kontakt mit Naturformen macht es uns möglich, uns zu den entfremdeten Aspekten unseres Wesens zu bekennen, unsere abweichenden Energien zu integrieren und uns mit den natürlichen Kräften in unserer Umgebung und der übrigen Natur auszurichten.

In der Kommunikation mit einem Deva, der zu den Raymond's Kill Falls bei Milford in Pennsylvania gehörte, gewann ich den Eindruck, daß die Fähigkeit, Zugang zu den ungeheuren Heilkräften der Natur zu erlangen, nicht nur einen wesentlichen Aspekt der Verbindung zwischen Mensch und Devas darstellt, sondern tatsächlich den Hauptteil unserer unterbewußten Arbeit mit ihnen ausmacht. Weil das Heilen eine Kraft ist, die allen Lebewesen innewohnt, besitzen wir nicht nur selbst die Fähigkeit, uns zu heilen, sondern wir stehen auch in Resonanz mit ebendieser Kraft, die allen anderen Lebewesen innewohnt.

Devas korrespondieren mit unserer angeborenen Heilkraft und sind zudem fähig, jene energetischen Blockaden – gleichgültig, ob es sich um mentale, physische und psychische handelt – zu überwinden, die zum Teil Ursache von Krankheitszuständen sind.

Naturgeister können mit jenem Aspekt in uns in Resonanz treten, der auf den feinstofflichen energetischen Ebenen geheilt werden muß. Ist beispielsweise unser Gesundheitsproblem hauptsächlich eine Folge falschen Denkens, festgefahrener Haltungen, eingeengter Perspektiven oder des Festhaltens an alten, überholten Vorstellungen, können Devas in uns auf sehr feine Weise die Realität beeinflussen: die Notwendigkeit, offen zu sein, sich zu wandeln, zu verändern, weiter zu blicken, im Leben vorwärts zu gehen oder die hinter der Form verborgene Wirklichkeit wahrzunehmen.

Ist unsere Krankheit auf vergangene Verletzungen zurückzuführen, die noch nachwirken, können Devas behutsam ihre Heilkraft anbieten, die mit unserem «inneren Heiler» korrespondiert. So ermöglichen sie es uns, alte Verletzungen in der

Weise aufzulösen, die für uns am besten ist. Sehr häufig erfolgt Heilung nicht auf einer logischen, mentalen Ebene; die feinstoffliche Heilung einer alten Verletzung (sogar einer, der wir uns bis dahin gar nicht bewußt waren) kann unseren angeborenen inneren Heiler wecken oder seine Blockierung lösen und zur Genesung führen.

Unsere Krankheit ist möglicherweise auch die Folge irgendeines Energiemangels. Der Kontakt mit einer Quelle heilender Energie, wie einem Wasserfall, Fluß, See oder Meer, vermag uns die zusätzliche Energie zu liefern, die wir brauchen, um unseren Heilprozeß voranzutreiben.

Zugang zur Heilenergie erlangen

Bezeugen Sie beim Besuch eines Ortes, an dem Sie geheilt werden möchten, dem dortigen Deva Respekt, bringen Sie eine Gabe dar, wenn Sie wollen, sprechen Sie ein Gebet, um die Resonanz zu erleichtern, und öffnen Sie sich für die starken Energien, die Ihnen zur Verfügung stehen werden.

Wichtig ist auch, um Heilung zu *bitten*; Sie können das äußere Problem aktiv benennen, auch das innere, falls Sie es kennen. Bitten Sie darum, geheilt zu werden, *wenn es Gottes Wille ist.* Das Erbitten von Heilkraft entsprechend dem Willen Gottes oder im Namen des Großen Geistes beschert Ihnen ein sicheres Maß an Heilenergie, weder zuviel noch zuwenig; am besten ist es, Sie bitten einfach um die Heilkraft, die Sie benötigen, um in der Lage zu sein, sich selbst zu heilen. Machen Sie sich keine feste geistige Vorstellung davon, was eine Heilung wäre, denn möglicherweise muß die Heilung auf mehreren Ebenen erfolgen, nicht nur auf der physischen. In manchen Fällen ist die physische Heilung vielleicht nicht möglich, die emotionale dagegen durchaus. Seien Sie offen für den Heilprozeß, in welche Richtung er auch immer führen mag. Heilen beinhaltet Lernen, Geduld, Ausrichtung, Entschlossenheit.

Vielleicht möchten Sie die Heilenergie der Devas für eine

andere Person anrufen, für jemanden, der nicht bewußt mit Devas kommuniziert. Und vielleicht wollen Sie in dieser Situation ein Heilgebet sprechen, um die Gegenwart von Devas zu beschwören, die auf Heilung spezialisiert sind. Viele Menschen verwenden die ziemlich formelle Anrufung, die Geoffrey Hodson vor mehr als sechzig Jahren von devischen Wesen erhielt und in *The Brotherhood of Angels and of Men* veröffentlichte:

Seid gegrüßt, Devas der Heilkunst!
Kommt uns zu Hilfe.
Ergießt euer heilendes Leben in (diese Person).
Laßt jede Zelle sich neu laden mit Lebenskraft.
Gebt jedem Nerv Frieden.
Laßt den gequälten Sinn Ruhe finden.
Möge die steigende Flut des Lebens jeden Körperteil
    erglühen lassen,
Während mittels eurer Heilkraft
Seele und Körper wiederhergestellt werden.
Hinterlaßt hier (oder dort) einen Wärterengel
Zum Trost und zum Schutz,
Bis die Gesundheit wiederkehrt oder das Leben erlischt,
Damit er alles Übel abwehren und
Die Rückkehr der Kraft beschleunigen kann –
Oder zum Frieden führen möge, wenn das Leben gelebt ist.
Seid gegrüßt, Devas der Heilkunst!
Kommt uns zu Hilfe,
Und teilt mit uns die Mühen dieser Erde,
Damit Gott freigesetzt werden kann im Menschen.

Der Heilprozeß umfaßt nicht bloß die Beseitigung äußerer Symptome. Wirkliche Heilung erfordert Ausrichtung. Sie fordert von uns, daß wir unsere Überzeugungen, Emotionen und Energien auf den Willen Gottes und auch auf den Rhythmus von Mutter Erde ausrichten. Natürlich kostet dieser Vorgang Sie einige Mühe; Sie müssen entsprechend den neuen Einblicken und Erkenntnissen handeln, die Ihnen zu Beginn

Laja-Wasserfall, Chile.

des Heilprozesses vermittelt werden. Ist beispielsweise eine kaputte Beziehung ein Faktor Ihres Mangels an Ausrichtung oder Harmonie, kann es sein, daß Sie die Beziehung verändern oder beenden (also gehen) müssen. In vielen Fällen macht der Heilprozeß schwierige oder sogar schmerzliche Entscheidungen nötig.

Weil wir Söhne oder Töchter von Mutter Erde und menschliche Verwandte der Naturwesen oder Devas sind, steht jedem von uns die Heilkraft der Natur zur Verfügung – als Geschenk, an das keine Bedingungen geknüpft sind. Es ist ein Teil des «Guthabens», das wir bei unserer Geburt auf die Welt mitbringen. Bei der Heilung gibt es lediglich jene Begrenzungen, die wir ihr dadurch auferlegen, daß wir auf mentaler, emotionaler, physischer, spiritueller und energetischer Ebene von der Natur abgeschnitten sind. Ein Deva fragte mich einmal: «Ist es da ein Wunder, daß ihr Menschen als Spezies insgesamt so krank seid? So krank auf allen Ebenen eures Seins?»

Verschiedene Naturwesen bieten Ihnen ganz spezifische wirkungskräftige Eigenschaften, die ihrer Natur innewohnen oder dem Naturtyp, mit dem sie verbunden sind – Wasser (stehendes oder fließendes), Bäume, Felsen, Winde oder Feuer –, und bestimmte feinstoffliche Kräfte der Natur werden speziell mit Ihnen in Resonanz treten. Ich beispielsweise habe herausgefunden, daß ich am besten mit den Energien von Bergen und Winden kommuniziere. Für meine Heilung empfiehlt es sich also, an einen windigen Ort zu gehen oder auf einen Berggipfel zu steigen. Sehr oft sind jedoch bestimmte Orte in der Natur – wie ein Wasserfall oder die Meeresküste – das Zuhause mehrerer Naturgeister von verschiedener Wesenheit. Diese können eine wirksame *Kombination* korrespondierender Energien liefern, die unseren Heilungsprozeß fördern. Nachdem ich unter dem Raymond's Kill Falls meditiert hatte (und in dem eisigen Wasser geschwommen war), empfing ich folgende Botschaft:

Ich vereine all diese Energien in mir, die Klippe, fließendes Wasser, Wind und in geringerem Maß auch Bäume in sich schließen. Die Kraft des fließenden Wassers bietet Energie und Reinigung, angefangen von den dichtesten physischen bis zu den feinstofflichen spirituellen Ebenen. Die mit den Klippen verbundenen Devas bieten Kraft, Stabilität und das noch freizusetzende Energiepotential. Die Baumdevas bieten die Substanz für das Wachstum und das Leben in eurer vertikalen Natur – verbunden sowohl mit der Erde als auch mit den Himmeln, als Brücke und als Energieleitung zwischen ihnen fungierend. Die Winddevas bieten Veränderung; sie erleichtern die Kommunikation zwischen den verschiedenen Bereichen der Natur und bringen euch neue Ideen und Perspektiven. (Wenn ihr Glück habt, könnt ihr auch Zugang zur Heilkraft des Regenbogens erlangen, der eure innerste Seele berührt und zur Reinigung und Verfeinerung eurer am stärksten spirituell ausgerichteten Energien beiträgt.) Es ist also eine kluge Idee, einen Wasserfall als Zugang zur Heilenergie zu wählen, weil ihr die Möglichkeit einer Kommunikation zwischen der Natur und sehr vielen Aspekten eures Seins – allen auf einmal – exponentiell steigern könnt, in höchst dynamischer und kraftvoller Weise!

Elementare Resonanz

Ein sehr wichtiger, doch oft übersehener Aspekt des Heilens betrifft die elementare biologische und chemische Resonanz, die zwischen uns und anderen Naturformen stattfindet. Das wissenschaftliche Denken hat die Welt in verschiedene Spezies, Gattungen und Bereiche unterteilt, was unsere Verschiedenheit unterstreicht, statt das zu betonen, was uns gemeinsam ist. Nach der Kommunikation mit dem Deva einer Klippe nahe der chilenischen Stadt Peulla erkannte ich jedoch, daß die Unterteilung der Natur in drei unterschiedliche und voneinander getrennte «Reiche» (das tierische, das pflanzliche und das mineralische) illusorisch ist. Alles in der Natur ist zu *einem Reich* verbunden. Ein Mensch und eine Klippe sind zwar in

Aussehen und Ausdrucksform sehr verschieden, aber die Klippe ist, genau wie der Mensch, ein Aspekt eines lebenden Planeten und spielt im Evolutionsschema eine bestimmte Rolle.

Alle Mitglieder der Erdengemeinschaft – ob Mensch, Pflanze, Ozean oder Felsen – haben gemeinsam Anteil an den Elementen. Wenn wir beispielsweise eine Orange essen, nehmen wir die Frucht einer Pflanze in unseren Körper auf; der Baum, an dem die Frucht reifte, erhielt seine Nahrung von den Mineralstoffen und dem Wasser im Boden. Diese Pflanze und diese Mineralstoffe werden zu unserem Fleisch und unseren Knochen, außerdem versorgen sie uns mit der Lebenskraft, die wir zum Überleben brauchen. Und wenn wir sterben, gibt unser Körper die Minerale und die anderen organischen Stoffe dem Erdboden wieder zurück. Dieser «gemeinsame Boden» erzeugt eine bewußte Resonanz mit der übrigen Natur, die eine wichtige Heilquelle ist – ob die Heilung nun durch unmittelbare devische Energie oder durch Blütenessenzen, Heilpflanzen oder ätherische Öle bewirkt wird.

Den Planeten heilen

Nick Gordon, Vorsitzender der Emissaries Foundation, sagt: «In der Gemeinschaft habe ich das Gefühl, daß jeder von uns des anderen Medizin ist.» Er meint damit, daß wir nicht nur einander helfen, indem wir die Gaben unserer individuellen Existenz miteinander teilen, sondern daß wir durch aktives Engagement in der größeren Weltgemeinschaft zur Heilung der Erde beitragen können. Wie Donald M. Epstein in *12 Phasen der Heilung* ausführt:

Der spirituelle Aspekt des Heilens beinhaltet das Anzapfen der tieferen Seinsebenen, auf denen unsere angeborene Intelligenz beheimatet ist. Wenn wir Verbindung mit unseren inneren Rhythmen und unserem umfassenderen Ganzheitsgefühl aufnehmen, beginnen wir die Rhythmen, die Ganz-

Gelbe Buche bei Pucón, Chile.

heit und die wechselseitige Verbundenheit um uns herum zu erfahren, und dieses Erfassen dehnt sich schließlich so aus, daß es die ganze menschliche und planetare Gemeinschaft einschließt.

Verstehen wir es, uns selbst zu heilen, dann versuchen wir natürlich, auch die Heilung unserer Umwelt zu fördern. Das entspricht der Vorstellung der indianischen Schamanen, die lehrten, daß alle Aspekte der Natur voneinander abhängen. Genau wie wir von Mutter Erde abhängen, hängt sie von den Menschen ab. Während die Erde uns heilt, können wir bei der Heilung der Erde helfen. Das ist ein überaus wichtiger Aspekt unserer Aufgabe als Mitglieder der planetaren Gemeinschaft.

Jeder Mensch besitzt einzigartige «Gaben», die einen natürlichen Ausdruck dessen darstellen, was wir sind. Als Folge davon fühlt sich jeder von uns natürlicherweise zu anderen «Begabungen» hingezogen. Unsere Hauptaufgabe ist es, uns bewußt zu werden, wo unsere wirklichen Vorlieben und Leidenschaften liegen, und danach zu streben, sie in einer größeren Gemeinschaft sichtbar werden zu lassen.

Auf einer fundamentalen Ebene müssen wir lernen, «leicht zu wandeln» auf Mutter Erde. In einer Gesellschaft, die materiellen Besitztümern so großen Wert beimißt, ist es oft schwer, einen klaren Blick für unsere wirklichen Bedürfnisse zu bewahren. Viele Menschen sehen sogar die Grundbedürfnisse an Nahrung, Kleidung und Unterkunft verzerrt. Wir essen, wenn wir nicht wirklich hungrig sind, wir haben Kleider in unseren Schränken hängen, die wir nie (oder selten) anziehen, und wir neigen zu der Auffassung, ein Haus sei unvollkommen ohne elektrische Geräte, elektronische Anlagen, Möbel und vieles andere mehr, das wir nicht wirklich brauchen oder selten benutzen. Geld wird oft gehortet, mit dem Ziel, es zu vermehren, obwohl dafür kein konkretes Bedürfnis besteht.

Verwendung von Produkten aus den unteren Bereichen der Nahrungskette, Recycling von Dosen, Flaschen und Papier, Kompostieren, Energiesparen und Umstellung auf erneuerbare Energien, Beschränkung unseres Konsums auf das, was wir wirklich brauchen, und Investierung unseres Geldes in Unternehmen, die sensibel gegenüber den Bedürfnissen des Planeten sind – dies alles wird nicht nur der Erde helfen, sondern unser Gespür für ihre Bedürfnisse schärfen. Natürlich können wir nicht jede Umweltorganisation unterstützen, aber wir können unsere Energie (in finanzieller oder anderer Form) jenen Organisationen oder Gruppen zuleiten, deren Ziele und Aktivitäten den unseren entsprechen. Tägliche Sensibilitäts- und Achtungsbezeugungen gegenüber der Erde lassen in uns eine Resonanz entstehen, auf die Devas gern reagieren.

Eines meiner besonderen Anliegen ist die Erhaltung der Wälder. Ihr Schutz und ihre Rettung sind nicht nur wegen ihres Werts für die Umwelt so wichtig, sondern auch, weil sie eine bedeutsame Quelle spiritueller Weisheit und Energie sind, die unsere Erde für ihr Überleben braucht. Beim Besuch des schönen Monteverde Cloud Forest Preserve (einem Wald-schutzgebiet) in Costa Rica spürte ich, daß der Wald das Wesen dessen verkörperte, was man als «heiligen Naturtempel» bezeichnen könnte. Während ich auf dem Weg nach Penas Blancas an einer windigen Stelle meditierte, fühlte ich mich angeregt, folgende Impressionen niederzuschreiben:

Im Gegensatz zu euren konstruierten Stätten der Anbetung ist dieser Wald ein lebendiger Tempel in jedem Sinn des Wortes. In einer Kirche, einer Synagoge oder einer Moschee kann man zwar Schönheit, Kraft und Frieden finden, aber das ist nicht zu vergleichen mit der Gegenwart Gottes, die man hier erleben kann.

Viele Religionen versuchen, ihre Tempel zu erhalten, und Mitglieder der jeweiligen Kongregationen wenden Zeit, Geld und Energie für deren Erhaltung auf. Durch die Erhaltung eurer Tempel bewahrt ihr ein Heiligtum, das sehr wichtig für euer spirituelles Leben ist. Und ihr wollt, daß dieser Tempel den künftigen Generationen als Ort der Sammlung dient und somit deren Verbindung mit dem Schöpfer festigt.

Der Pazifische Ozean bei Pacific Grove, Kalifornien.

Noch wichtiger für euch ist es, die lebenden Tempel zu retten, wie diesen hier – einen Wald, der euch buchstäblich alles bietet, was Körper und Seele sich nur wünschen können: Sauerstoff, Wasser, Schönheit und Schutz; Heilung, Kraft, Erbauung und Frieden. Dieser Wald bietet euch die engstmögliche Verbindung mit den Wesen der Geistbereiche, den Leuchtenden, den Devas. Er bietet euch auch die allumfassende Gegenwart des Großen Geistes.

Doch Geld ist nötig, um die Wälder zu erhalten. Energie ist nötig, um unseren Schutz zu überwachen. Intelligenz und Bewußtsein sind nötig, um das Wirken der Natur in einem Waldsystem wie diesem hier zu begreifen.

Ich bitte dich herauszufinden, wie du helfen kannst, diesen Tempel hier und andere solche Tempel auf der ganzen Welt zu erhalten. Überlege, wie du durch Einsatz deiner Energie helfen kannst. Spende solchen Gruppen Geld, die zur Erhal-

tung und Vergrößerung der Wälder beitragen. Informiere
dich über die Wälder und die in ihnen wohnenden Wesen.
Schildere anderen deine Erfahrungen hier, so daß auch sie
ähnliches erleben können. Überlege, was du tun kannst, um
unseren Schutz und unsere Erhaltung zu unterstützen.

Stete Erweiterung der Perspektiven

Wir können unsere Perspektiven verändern und uns den
Möglichkeiten öffnen, die eine Kommunikation mit der Natur bietet. Als Kinder von Mutter Erde und als Mitglieder der
Erdenfamilie sind wir Teil des «größeren Bildes». Als lebender, atmender Teil der Erde kennen wir von Geburt an jene
Geheimnisse, die zum Wesen der Erde gehören. Wir *wissen
bereits*, was sowohl wir selbst als auch Mutter Erde zur
Heilung benötigen; die Antworten sind in uns, doch wir
müssen von Zeit zu Zeit an sie erinnert werden!

Wie alle Lebewesen, so verändert sich auch unser Zuhause
auf diesem Planeten ständig. Veränderung, Übergang und
Verwandlung sind wichtige Aspekte eines Lebensprozesses.
Durch Verwurzelung und Zusammenarbeit mit Naturwesen
auf den feinstofflichen Existenzebenen werden uns diese
Erdrhythmen, Erdweisheit und Erdwandlungen nach und
nach deutlicher bewußt – ebenso unsere eigenen Rhythmen,
eigene Weisheit und eigenen Wandlungen.

Lebendige Wirklichkeit ist immer eine *sich verändernde*
Wirklichkeit. Wenn wir die Realität der Veränderung annehmen, werden wir offener für das, was der jetzige Augenblick
uns zu lehren hat. Wenn wir unsere Verbindungen mit der
Natur vertiefen und uns aktiv in dem fortlaufenden Prozeß des
Lernens, Arbeitens und Heilens engagieren, beginnen wir
mitzuwirken an einem segensreichen Kreislauf: einer ständigen Spiralbewegung sich erweiternder Perspektiven, tieferen
Verständnisses, besserer Ausrichtung und Integration sowie
aktiven Heilens.

O verborgenes Leben, das vibriert in jedem Atom,
O verborgenes Licht, das leuchtet in jedem Geschöpf,
O verborgene Liebe, die alles im Einssein umfaßt.
Möge ein jeder von uns eins sich fühlen mit Dir
und wissen, daß deshalb jeder eins ist mit jedem.

FRIEDE ALLEN WESEN.

Dank

Das Interesse an Devas erwachte 1971 in mir, als ich nach meinem College-Abschluß am Hauptsitz der Theosophischen Gesellschaft Amerikas in Wheaton, Illinois, als Platzwart arbeitete. In jenem Sommer lernte ich Geoffrey Hodson kennen, der seine klarsichtigen Untersuchungen des Deva-Reichs in *The Kingdom of the Gods* und in anderen Werken beschreibt. Im folgenden Jahr, als er an der Krotona Institute School of Theosophy von Ojai in Kalifornien unterrichtete, wurde er mein Mentor.

Gewachsen ist mein Interesse an Devas dann durch meine Arbeit mit Dr. med. José Alberto Rosa an dem Buch *Finding Your Personal Power Spots*. José war in den ländlichen Gebieten Brasiliens, wo er als Therapeut oft Workshops und Retreats veranstaltete, mit den Devas in Kontakt gekommen. Er hatte herausgefunden, daß die Menschen, wenn man ihnen half, die «Kraftpunkte» in ihrem Körper und in der Natur aufzuspüren, mehr Selbsterkenntnis und mehr Selbstverständnis erlangten. Während José durch eigene Erfahrungen unmittelbaren Einblick in das Thema gewann, bestand meine Aufgabe als Mitautor hauptsächlich darin, in Bibliotheken zusätzliche Recherchen durchzuführen und ihm das Material in geordneter Form vorzulegen. Ich fühlte mich durch Josés Arbeit oft inspiriert, glaubte aber nicht, je fähig zu sein, selbst Verbindung zu Devas aufzunehmen.

Doch schon einige Jahre später, als ich *The Nonviolent*

Revolution schrieb, machte ich die erste bewußte Erfahrung mit Devas. Ein Kapitel über Gewaltlosigkeit gegenüber der Umwelt verursachte mir arge Schwierigkeiten. Das Material, das ich über die Schäden sammelte, die dem Land, der Luft, den Gewässern, Pflanzen und Tieren von Menschen zugefügt wurden, deprimierte mich zunehmend. In mir wuchs das Gefühl, daß es nicht mehr möglich sei, unseren Planeten vor der Zerstörung zu bewahren, und dies führte zu einer schweren Schreibblockierung. Das Kapitel war für die Mitte des Buches vorgesehen und fehlte als einziges noch; ich hatte andere Kapitel vorgezogen, bei deren Themen ich mich wohler fühlte.

Weil der vom Verlag gesetzte Liefertermin schnell näherrückte, beschloß ich, an einen meiner Lieblingsplätze in einem Wald unweit eines Wasserfalls im Nordteil des Staates New York zu fahren. Ich glaubte seinerzeit zwar nicht, mit Devas Kontakt aufnehmen zu können (das war meiner Meinung nach Hellsehern wie Hodson vorbehalten), aber ich hoffte, die Schönheit des Wasserfalls und seiner Umgebung würden mich inspirieren. Papier und Stift in der Hand, verbrachte ich den ganzen Nachmittag dort und schrieb auf, was mir endlos zuzufließen schien. Mir war klar, daß diese Erkenntnisse nicht aus meinem Bewußtsein kamen, aber nichtsdestoweniger ebenso sachlich richtig wie erhellend waren.

Meine dankbare Anerkennung gilt allen, die mich auch während der Arbeit an diesem Buch unterstützt haben. Bedanken möchte ich mich vor allem bei dem verstorbenen Geoffrey Hodson und bei Dora Kunz, deren Beispiel mir half, meine Sicht der Dinge zu erweitern; bei Jeanne H. Livingston und John Svirsky, die mir Zugang zu ihrem besonderen Garten gewährten; bei Linda James für die Einblicke in ihre Arbeit mit Devas als Botanikerin; bei John S. Kirslis, Dr. med. Patricio Pizarro und Franko Cartin, die mich, ohne es selbst zu wissen, zu neuen Entdeckungen führten. Ganz besonderen Dank schulde ich Peter G. Massey für seine Inspiration und für die Erkenntnisse und Ideen, die er mir vermittelte, sowie meiner

Verlegerin Robin Dutcher-Bayer für ihre Geduld, Führung und Beratung.

Last not least möchte ich den Devas und Naturgeistern für ihre Inspiration, Liebe und Unterstützung während der Konzipierung und Ausarbeitung des Manuskripts zu diesem Buch danken.

Literaturverzeichnis

Altman, Nathaniel. *The Nonviolent Revolution*. Shaftesbury, England: Element Books, 1989.

–. *Sacred Trees*. San Francisco: Sierra Club Books, 1994.

Attenborough, David. *Das geheime Leben der Pflanzen*. Bern/München/Wien: Scherz, 1995.

Bailey, Alice. *Glamour: A World Problem*. New York: Lucis Publishing Co., 1950.

–. *Letters on Occult Meditation*. New York: Lucis Publishing Co., 1950.

Beck, Peggy V., u. a. *The Sacred*. Flagstaff, Arizona.: Northland Publishing Co., 1990.

Bondi, Julia, und Nathaniel Altman. *Lovelight*. New York: Pocket Books, 1989.

Capra, Fritjof. *Wendezeit*. Bern/München/Wien: Scherz 1983.

Decter, Jacqueline. *Nicholas Roerich*. Rochester, Vt.: Park Street Press, 1989.

Densmore, Frances. «Notes on the Indians' Belief in the Friendliness of Nature.» *Southwestern Journal of Anthropology* 4, 1948.

Devall, Bill, und George Sessions. *Deep Ecology*. Salt Lake City: Peregrine Smith Books, 1985.

Earthsave Foundation. *Our Food Our World*. Santa Cruz, Calif.: Earthsave Foundation, 1992.

Epstein, Donald, mit Nathaniel Altman. *12 Phasen der Heilung*. Freiburg i. Br.: Lüchow, 1996.

The Findhorn Community. *The Findhorn Garden*. New York: HarperCollins, 1975.

Foster, Steven, und Meredith Little. *The Book of the Vision Quest*. New York: Prentice Hall Press, 1987.

Gaines, David (Hrsg.). *Mono Lake Guidebook*. Lee Vining, Calif.: Mono Lake Committee, 1989.

Godwin, Malcolm. *Angels: An Endangered Species*. New York: Simon & Schuster, 1990.

Gold, Peter. *Navajo and Tibetan Sacred Wisdom: The Circle of the Spirit*. Rochester, Vt.: Inner Traditions, 1994.

Green, Marian. *The Elements of Natural Magic*. Rockport, Mass.: Element Books, 1989.

Hammarskjold, Dag. *Markings*. London: Faber & Faber, 1964.

Harman, Willis W. «The Transpersonal Challenge to the Scientific Paradigm: The Need for a Restructuring of Science.» *ReVISION* 11, Nr. 2 (Herbst 1988): 13–21.

Harner, Michael. *Der Weg des Schamanen*. Genf/München: Ariston, ²1995.

Hodson, Geoffrey. *The Brotherhood of Angels and of Men*. London: The Theosophical Publishing House, 1957.

–. *Clairvoyant Investigations*. Wheaton, Ill.: Quest Books, 1987.

–. *The Kingdom of the Gods*. Adyar, Indien: The Theosophical Publishing House, 1970.

–. *Man's Supersensory and Spiritual Powers*. Adyar, Indien: The Theosophical Publishing House, 1964.

Hultkranz, Ake. *Belief and Worship in Native North America*. New York: Syracuse University Press, 1981.

Jain, Champat Rai. *Fundamentals of Jainism*. Meerut, Indien: Veer Nirvan Bharti, 1974.

Kaplan, Rachel, und Steven Kaplan. *The Experience of Nature*. New York: Cambridge University Press, 1989.

King, Serge. *Kahuna Healing*. Freiburg i. Br.: Lüchow, 1996.

Kunz, Dora van Gelder. *Devic Consciousness*. Craryville, N. Y.: Pumpkin Hollow Farm, 1989.

–. *Im Reich der Naturgeister*. Grafing: Aquamarin, ³1995.

–. *Die verborgenen Quellen der Heilung*. Grafing: Aquamarin, 1987.

–, und Shafica Karagulla. *Die Chakras und die feinstofflichen Körper des Menschen*. Grafing: Aquamarin, o. J.

Lake, Robert (Medicine Grizzlybear). «Power Centers», *The Quest* 2 (Winter 1989).

Lao-tse. *Tao Te King*. Bern/München/Wien: O. W. Barth, 1995.

Larrington, Carolyne (Hrsg.). *The Feminist Companion to Mythology*. New York: Pandora Press, 1992.

Lawlor, Robert. *Am Anfang war der Traum*. München: Droemer Knaur, 1993.

Leach, Marjorie. *Guide to the Gods*. Santa Barbara: ABC-CLIO, 1992.